KLARTEXT

Susanne Abeck / Uta C. Schmidt (Hg.)
im Auftrag des Forum Geschichtskultur an Ruhr und Emscher

Stulle mit Margarine und Zucker

Heimat Ruhrgebiet

Gedruckt mit freundlicher Unterstützung von

NRW-STIFTUNG
NATUR · HEIMAT · KULTUR
Ein Teil von dir.

Impressum

1. Auflage September 2015
Satz und Gestaltung: Achim Nöllenheidt, Essen
Umschlaggestaltung: Volker Pecher, Essen
Titelbild: Sieglinde Schiwek
Druck und Bindung: Drukkerij Wilco B.V./NL

ISBN 978-3-8375-1461-2

KLARTEXT www.klartext-verlag.de

INHALT

Erinnerungen

Vorwort

2013/14 fand zum sechsten Mal ein Geschichtswettbewerb im Ruhrgebiet statt. Unter dem Motto „War was? Heimat Ruhrgebiet. Erinnerungsorte und Gedächtnisräume“ rief das Netzwerk Forum Geschichtskultur an Ruhr und Emscher zu einer Auseinandersetzung mit der Geschichte der Region zwischen Ruhr und Lippe auf. Unter den Beiträgen fanden sich viele persönliche Lebenserinnerungen zur „Heimat Ruhrgebiet“ und schnell wurde deutlich, dass hier ein Schatz mit Alltagsgeschichten aus dem Ruhrgebiet gefunden war. Diesen Schatz stellen wir in diesem Buch vor.

Aufgeschrieben für Kinder und Kindeskinder oder eigens für den Geschichtswettbewerb erzählen die Texte von Kindheit und Jugend im Revier, von Alltag und Arbeit, von Spaß und Spiel, aber auch von Sorgen und Nöten. Zu den prägenden Erinnerungen an Bombenkrieg und Zerstörung gesellen sich jene an Bildungsaufstiege im Strukturwandel der 1970er und 1980er Jahre. Einige Autorinnen und Autoren sahen in diesem Geschichtswettbewerb eine ihrer letzten Chancen, sich noch einmal ihren eigenen Erlebnissen zuzuwenden und Interesse für ihre Lebenserfahrungen zu finden. Es ist faszinierend zu lesen, wie in den Geschichten sowohl „Heimat“ als auch „Ruhrgebiet“ beim Erzählen erschlossen werden. Auf gänzlich unromantische Weise zeigen uns die dichten Miniaturen das Fremde im Eigenen und machen Zeit erfahrbar.

Aus mehr als 1.000 Manuskriptseiten haben wir Textpassagen ausgewählt und zueinander in Beziehung gesetzt. Begriffe und Formulierungen, die wir nicht als allgemein bekannt voraussetzen wollten, wurden im Text gekennzeichnet (>) und in einem Glossar erklärt.

Wir wünschen uns und allen Leserinnen und Lesern, dass diese Sammlung zu weiterem Austausch anregt: zu Geschichten, die sich Ältere und Jüngere, hier Geborene und Zugereiste über das Ruhrgebiet erzählen, ebenso wie zu geschichtswissenschaftlichen Diskursen über Konstruktionsweisen von Ruhrgebiet und Heimat.

Unser Dank gilt zuerst allen Autorinnen und Autoren, die uns an ihrer Lebensgeschichte haben teilhaben lassen. Danken möchten wir zudem den beiden Wettbewerbsjurorinnen Marianne Kaiser und Heidi Behrens-Cobet, die beharrlich und überzeugend auf die Originalität und Aussagekraft dieser Texte verwiesen haben, in denen Zeitgeschichte bezeugt ist. Sie trugen maßgeblich dazu bei, dass die Nordrhein-Westfalen-Stiftung Naturschutz, Heimat- und Kulturpflege zusätzlich zu ihrer Förderung des Geschichtswettbewerbs weitere Mittel für diese Veröffentlichung bereitstellte. Ein herzlicher Dank geht an den Fotografen Helmut Orwat, der uns zahlreiche seiner wunderbaren Fotos zu Verfügung gestellt hat, sowie an die Fotosammlung des Ruhr Museums. Nicht zuletzt danken wir, auch im Namen des Vorstands des Forum Geschichtskultur an Ruhr und Emscher, dem Verleger Ludger Claßen, der das Buch im Klartext Verlag publiziert.

Susanne Abeck & Uta C. Schmidt

Wohngebäude an der Schweriner Cottenburgstraße, 1965, Foto: Helmut Orwat

ALLTAG

„Gemeinsames Klo auf halber Treppe."

Der Alltag war bis in die 1950er Jahre für fast alle Autorinnen und Autoren durch beengte räumliche Verhältnisse und ein übersichtliches Ernährungssortiment geprägt. So war neben dem Brot die Kartoffel das Hauptnahrungsmittel. In Arbeitnehmerhaushalten wurden bis 1950 noch über 41 Kilogramm Kartoffeln im Monat gegessen. Die Wohnungen waren klein, die Toilette befand sich meist außerhalb der Wohnung und fließendes Warmwasser galt als Traum. Mit dem so genannten Wirtschaftswunder kam ungewohnter Luxus auf, und Familien schafften sich ein Grundig-UKW Radio an, das mit etwas weniger als 600 Deutsche Mark ein durchschnittliches Monatsgehalt kostete. Oder sie erwarben einen PKW, mit dem man eine neue Erfahrung machen und schon bald in einen Stau geraten konnte.

1920er Jahre

Das Haus „Auf dem Bruch"

Auf dem Bruch 58 – hier wohnte schon mein Vater mit seinen Eltern und sieben Geschwistern. In einer Eckwohnung, rechts oder links – das weiß ich nicht mehr –, lebte die Familie meiner Mutter. Mutters Eltern ließen sich scheiden, nachdem meine Oma 16 Mal schwanger gewesen war. Elf Kinder wurden groß. Die anderen fünf waren Frühgeburten oder starben, als sie noch klein waren. Die Mutter meines Vaters starb früh an einer damals noch unheilbaren Krankheit. Da die Kinder nun ohne Mutter waren, kümmerte sich Mutters Mutter auch um sie. So kam es, dass sie in zwei getrennten Wohnungen, aber doch wie eine Familie aufwuchsen. Mein Vater und meine Mutter mochten sich schon als Kinder gerne.

Omas Leben bestand nur aus Arbeit. Während der Woche putzte sie an einigen Tagen bei reichen Verwandten meines Opas. Von Samstagnachmittag bis Sonntagmorgen stand sie am >Waschbrett und wusch die Kleidung der Kinder, damit diese am Montag mit sauberer Kleidung zur Schule gehen konnten. Eine Waschmaschine hatte sie nie.

Gisela Hoffart

1920er Jahre

Beerdigungskuchen

Als meine Mutter gestorben war, wurde sie in der „guten Stube" aufgebahrt. Ich erinnere mich an ein schmales Gesicht und einen Herrenhaarschnitt. Das Zimmer war mit schwarzen Tüchern, die vom Beerdigungsunternehmen geliehen wurden, ausgeschlagen. Der Sarg stand erhöht und schräg, so dass man die Verstorbene gut sehen konnte. Der Sarg war innen weiß verkleidet. Rechts und links waren Kerzenleuchter mit Wachskerzen aufgestellt und kleine Grünpflanzen. Meine Mutter wurde – wie damals üblich – drei Tage zu Hause aufgebahrt. Eines Tages vermissten wir meinen kleinen Bruder Jupp, der damals ein Jahr alt war. Er hatte sich unter dem Sarg versteckt und war darunter eingeschlafen. Während dieser drei Tage kamen ständig Leute, um zu kondolieren. Auch wir Kinder machten das in der Nachbarschaft: Wo eine schwarze Schleife an der Haustür war, gingen wir ins Haus, „beguckten" die Leiche und bekamen ein Stück Streuselkuchen. Deshalb hieß Streuselkuchen auch „Beerdigungskuchen".

Auguste Solobodowski

1930er Jahre

Mein Elternhaus

Außer einer Wasserstelle mit Spüle in der Wohnküche gab es keinerlei sanitäre Einrichtungen. Das Klo, eine gemauerte Bank mit runder Öffnung über einer >Jauchegrube, befand sich im Stallbereich im Anschluss an die >Deele. Um es zu erreichen, mussten wir die steile Treppe hinunter und durch die Wohnung meiner Tanten gehen. Nachts diente ein

Hausfrauenalltag, Foto: privat

Eimer im Schlafzimmer, mit einem feuchten Aufnehmer abgedeckt, für Notfälle. Wie das Haus so war auch der große Garten hinter dem Hof in drei Teile geteilt. Von Anfang an, aber besonders in Notzeiten, war dieser große Garten, in dem vor allem Obst und Gemüse angepflanzt und kultiviert wurden, eine wichtige Nahrungsquelle für die Familie.

Besonders vor dem Krieg war das Waschen der Früchte eine absolute Notwendigkeit, denn Stachelbeeren, Pflaumen und Äpfel waren mit einer zähen schwarzen Rußkruste bedeckt.

Wenn meine Schwester und ich uns als Kinder nicht daran hielten und uns heimlich bedienten, wurden wir von unserer Mutter sofort anhand unserer schwarzen Münder entlarvt.

Wilhelm Niehüsener

1930er Jahre

NSDAP-Kreisführer Riemenschneider

Die Nationalsozialisten in Bochum hatten den >NSDAP-Kreisführer >Riemenschneider nach ihrer Machtergreifung sofort zum Direktor der >BOGESTRA gemacht, und der sah seine erste Aufgabe darin, gewerkschaftlich orientierte Belegschaftsmitglieder zu diffamieren und auszubooten. Mein Vater, Hubert Steden, damals Schaffner und Mitglied des Betriebsrates, gehörte dazu und stand dann auf der Straße. Im Zuge der damals üblichen Säuberungsmaßnahmen kam eines Tages ein Kommando der >Gestapo in unsere Wohnküche und wollte meinen Vater abholen. Es war ein Glück, dass er gar nicht da war, sonst hätten ihn die Nazi-Schergen in den berüchtigten Gestapokeller am alten Stadtpark mitgenommen, wo man Regimegegner misshandelte und folterte, um die Namen von Gesinnungsgenossen aus ihnen herauszupressen. Das Gestapokommando durchsuchte daraufhin auf rüde Art unsere Wohnung und stahl meinem Vater wertvolle Arbeiter- und Gewerkschaftsliteratur mit der Begründung, sie beschlagnahmen zu wollen.

Das alles geschah vor unseren entsetzten Kinderaugen.

Erwin Steden

1940er Jahre

Propaganda

Es war Anfang des Zweiten Weltkrieges. Die Nazipropaganda hatte nachhaltig und stereotyp vor allen möglichen Gräueltaten der alliierten Feinde gewarnt. Eines Tages fanden wir Kinder im Gras an den Rändern der Becke faustgroße Stücke von Hartbrot. Das war uns nicht ganz geheuer. In unserer lebhaften Fantasie dachten wir, das seien von den Engländern in der Nacht heimlich aus der Luft abgeworfene, vergiftete Brotstücke, holten Eimer und sammelten sie eifrig ein. Als wir stolz unsere zahlreich eingesammelten Trophäen meiner Mutter vorführten, fiel diese fast in Ohnmacht: Wir hatten von der >Emschergenossenschaft ausgelegtes Rattengift eingesammelt.

Wilhelm Niehüsener

1940er Jahre

Stulle mit Margarine und Zucker

Wichtig war für alle das Heranschaffen von Lebensmitteln. Als Kinder waren wir genügsam, unsere Ansprüche gering. Wenn wir meist dreckig in die Wohnung kamen, dann hieß es: „Mutter, mach mal´n Butter". Dann gab es, falls vorhanden, die berühmte Stulle Brot mit Margarine, bestreut mit Zucker. Danach ging die Post wieder ab. Samstags wurden wir Kinder eingefangen. Es war Badetag. Unser Badezimmer befand sich im Stall. Alles war komfortabel ausgestattet, Plumpsklo, Waschmaschine mit einem Wassermotor, darin der Wäscheknüppel, der öfter zweckentfremdet wurde, ein stinkendes Schwein und die berühmte Zinkwanne. Meistens war das Badewasser schon zweimal benutzt und sehr lau.

Unseren Speiseplan bereicherten Kaninchen, Hühner, Tauben und das erwähnte Schwein. Darum kann ich mich nicht an sehr große Hungerzeiten erinnern. Außerdem gab es die Schulspeisung und Mittagessen auf dem Zechengelände.

Fred Gäbel

NS-Wimpel in einer Gelsenkirchener Kleingartenanlage, Foto: privat

1940er Jahre

Kommunion 1943

Unsere Erstkommunion fand Ostern statt. Es war der 25. April 1943, als wir zum Tisch des Herrn geführt wurden. In der Woche zwischen Beichte und >Kommunion bemühte man sich schlecht und recht, den Zustand der heilig machenden Gnade nicht zu verlieren. Am Abend vor dem Kommunionstag war Baden angesagt. Da die Wohnungen damaliger Zeit keine Badezimmer hatten, wurde die Badewanne in der Küche aufgestellt. Das Wasser

Geschwisterpaar mit Mutter in Gelsenkirchen, Ende der 1930er Jahre, Foto: privat

wurde in einem großen Kessel auf dem Kohleherd erhitzt. Zur Feier des Tages gab Vater noch Fichtennadelsalz in das Badewasser. Eine aromatische Frische durchzog unsere Wohnung. Nach dem Abendbrot ging es früh zu Bett, denn am nächsten Morgen musste ich um 7:00 Uhr aus den Federn. Nach dem Morgengebet, man wollte ja im Stande der Gnade bleiben, zog ich meine Kommunionsklamotten an. Da stand ich nun und musste mich von allen Familienmitgliedern begaffen lassen. Schwarze Halbschuhe, hellbraune Kniestrümpfe, den dunkelblauen >Bleyle-Anzug, der kratzte immer noch, um den Hals einen weißen Kragen und auf dem Kopf eine blaue Schirmmütze mit rund umlaufenden weißen Streifen. Mit knurrendem Magen ging es dann in die Kirche, denn die Regel schrieb vor, dass der Kommunikant zwischen 24 Uhr und der Kommunion nüchtern bleiben musste. Diese aberwitzige Regel hatte dann zur Folge, dass so mancher während der Messe schlapp machte, einfach umfiel.

Gerd Plasmeier

1940er Jahre

Stragula und Lichtzeichen

Und dann war da noch der Fußboden, bestehend aus Holzdielen – heute kennt man diese Art als Rauspund –, die mit rot-brauner Farbe gestrichen waren. Zur Verschönerung – damit die Dielenfugen nicht so sichtbar wurden – lag darüber der geblümte >Stragula-Teppich, der sich nach einiger Zeit genau deren Unebenheiten anpasste. Um diese detaillierte Beschreibung abzurunden, wäre da noch der Spülstein aus Steingut zu nennen, ein Schmuckstück in weiß mit angebautem Spülbrett. Aus heutiger Sicht undenkbar, dass dort die tägliche Toilette und der Abwasch – natürlich in einer dafür eigens vorgesehenen Schüssel – vollzogen wurden. Das wöchentliche Bad fand dann auch in der Wohnküche statt. Das Badewasser wurde in einem Kochkessel auf dem Herd erhitzt und in die Zinkbadewanne gefüllt, die ein Ausstrecken der Beine nicht zuließ. Nach dem Baden musste das gebrauchte Wasser mit Eimern aus der Wanne entnommen werden, um es in der auf dem Flur befindlichen Toilette zu entsorgen.

Durch unseren Freiblick zur Großmutter besaßen wir ein Kommunikations-Monopol, das meine Freunde nicht hatten: Zwischen meiner Mutter und der ihren bestand das Bedürfnis, sich zu informieren, auch wenn es einmal nicht zu der täglichen Zusammenkunft kam. So wurden weiße oder farbige Tücher bis hin zu Schürzen an verschiedenen Stellen von außen ans Fenster gehängt, um die vorher vereinbarten Inhalte zu vermitteln. Meine Großmutter bekundete dann bald darauf durch Händewinken von ihrem Hauseingangspodest aus, die Information verstanden zu haben. Schwieriger gestaltete sich diese besondere Art der Zeichensprache in der dunklen Jahreszeit. Doch auch hier gab es eine Lösung. Mutter besann sich auf unsere 15-Watt-Glühlampe in unserer Wohnküche. Fortan sollte diese Lampe ihre Impulse durch Bestätigung des Ein-/Ausschalters in abgesprochenen Zeitintervallen das Seelenleben unserer Familie durch die Nacht schicken. Meine Großmutter reagierte prompt mit ihrer Lampe, was heißen sollte: ich habe dich verstanden. Später, in der Zeit der Bombennächte, sollte sich noch erhärten, von welcher besonderen Bedeutung diese Verständigungsart war. Sie wurde zur Notwendigkeit, als um uns herum die Bomben fielen und meine Großmutter auf Lebenszeichen meiner Eltern hoffte, was auch im umgekehrten Falle galt.

Horst Theodor Onland

1940er Jahre

Hunger

Unter den Arbeitern in den Werken und den Zechen machte sich Unmut breit. Von ihnen wurde Schwerstarbeit verlangt, die sie nicht mehr bereit waren zu leisten. Arbeitsniederlegungen und Protestkundgebungen waren die Folge. Für Bergleute hatte man sich zudem ein Punktesystem einfallen lassen, mit dem die Bergleute bevorzugt Hausrat und Kleidung kaufen konnten. Aus Sicht der Firmenbosse war das eine Maßnahme, um die Leute, wie man heute sagt, zu motivieren. Auch die amerikanische >CARE-Organisation versorgte diesen Personenkreis mit so genannten Fresspaketen. In der Bevölkerung hat das die ersten Neidgefühle hervorgerufen. Bisher haben wir in solidarischer Gemeinschaft alle am gleichen Hungertuch gehangen und nun wurde eine Gruppe privilegiert.

Die Kinder wurden in den Schulen mit der >Quäkerspeisung versorgt. Sie bestand aus Suppe, Milch und ab und zu einer kleinen Tafel Schokolade. Wenn es

Biskuitsuppe gab, kam Freude auf. Bei der Verteilung von Erzmehlsuppe hielt sich unsere Freude in Grenzen, aber immer noch besser als Kartoffelschalen. Die Versorgungslage war aber weiterhin unzureichend. Im Kampf ums tägliche Überleben stellte sich immer wieder die gleiche Frage: Wo bekommen wir was zu essen? Auf der Suche nach Nahrungsmitteln war ich ständig, nicht nur in Oberhausen, sondern auch in den benachbarten Städten, unterwegs. Ich hatte festgestellt, dass die Zuteilungen auf den >Lebensmittelkarten unterschiedlich aufgerufen wurden. Wenn es in Oberhausen auf bestimmte Marken nichts gab, konnte es sein, dass in Gelsenkirchen die gleichen Marken gegen Nudeln oder Graupen eingetauscht werden konnten. So habe ich durch meine Suche nach Nahrung in frühester Jugend schon unsere Nachbarstädte kennen gelernt.

Gerd Plasmeier

1940er Jahre

Geschlechterordnung

Ich kannte ein Mädchen aus dem >Segeroth, das war keine gute Adresse in Essen, aber die Menschen waren nett und freundlich. Sie wohnte mit ihren Eltern und neun Geschwistern in einer Wohnung. Eine Wohnküche und ein Schlafzimmer. Im Schlafzimmer schliefen alle Kinder und ich weiß heute noch nicht, wie. Die Familie saß gerade zu Tisch, als ich kam, der Vater vor Kopf, alle anderen drum rum. Der Vater bekam, das habe ich nie vergessen, Tatar und die anderen ein Brot, und das war's. Aber das hatte ich oft gehört, dass der Vater immer nur das Beste bekam und die restliche Familie mit dem auskommen musste, was da war.

Sammlung Böcker

1940er Jahre

Stielmuspark

1947 wurde in Alstaden der Ruhrpark als Gartenland verteilt. Interessenten konnten eine Parzelle pachten und mit Feldfrüchten bestellen. Bevor aber geerntet werden konnte, war eine schweißtreibende Arbeit erforderlich. Zuerst musste die Grasnarbe entfernt werden. Jetzt konnte ich den Spruch meiner Großmutter verstehen: >„Dä hät Schmach wie en Plackenheuer." Dann wurde der schwere Lehmboden mit dem Spaten umgegraben. Wo Vater das Saatgut her hatte, weiß der Teufel, jedenfalls konnten wir die gesamte Fläche einsäen. Nachdem die Pflänzchen sprossen, war es meine Aufgabe, jeden Tag zu gießen und Vater abends zu berichten, wie sich die Saat entwickelte. Das erforderliche Wasser musste ich aus einem naheliegenden >Bombentrichter herbeiholen.

Zu allen Zeiten gab es Schmarotzer, die sich am Erfolg anderer beteiligen wollten, denn als die Zeit der Ernte

Zwei ganz dicke Freunde, 1939,
Kolonie Constantin, Foto: privat

kam, verschwanden über Nacht die Früchte unserer Arbeit. Um diesem nichtsnutzigen Treiben Einhalt zu gebieten, schufen die Pächter einen Wachdienst. Mit Knüppeln bewaffnet, zogen immer zwei Männer durch den Park und bewachten die Felder. An diese Zeit, in der der Ruhrpark Gartenland war, erinnert heute noch eine Bezeichnung, die vielen Alstadenern bekannt ist: „der Stielmuspark".

Gerd Plasmeier

1940er Jahre

Drei Familien in einer Wohnung

Wir wohnten mit drei Familien in einer Wohnung. In der Wohnküche lebten meine Großeltern, im Kinderzimmer meine Tante mit Sohn – der Mann war im Krieg gefallen –, im Schlafzimmer wohnten meine Eltern und ich. Es war eng, aber man hielt zusammen. Das Familienleben spielte sich in der Wohnküche ab. Dort wurde auf dem Kohlenherd gekocht, am Tisch gegessen, Hausaufgaben gemacht und bei schlechtem Wetter gespielt. Mein Opa saß immer auf einem großen Sessel am Fenster zum Spielplatz. Vor ihm stand auf einer Kommode ein Radio. Dies lief den ganzen Tag. Wenn Schulfunk lief, hörten mein Cousin und ich immer gespannt zu. Krimihörspiele durften wir nicht hören. Erst als aus Japan die ersten >Transistorradios kamen, konnten wir heimlich Krimis hören. Ein Hoch auf die Technik!

Sammlung Böcker

1940er Jahre

Falsches Schmalz

Mitten im Winter, Mitte Januar 1948, ziehen Vater und ich von Rotthausen um in die Neustadt, in die Bokermühlstraße 38, zur Hebamme Ulonska und ihrem Mann. Unser Zimmer ist spärlich möbliert, aber wir können das Bad und die Küche benutzen. Mutter Ulonska kümmert sich um unsere Bettwäsche und Gardinen, nimmt unsere Post entgegen, alles andere machen wir selbst, das heißt: Kochen, Einkaufen, Geschirrspülen, Stopfen, kleine Wäsche, große Wäsche, Trocknen, Bügeln. Gebadet wird unter der Brause auf der Zeche. Mein Weg zu Zollverein ist jetzt noch weiter geworden. Ich muss um 4:15 Uhr aufstehen, damit ich um 5:00 Uhr den Bus der Firma Sauer kriege, zurück geht es mit der überfüllten Straßenbahnlinie 7. Im Gedächtnis bleibt das „falsche Schmalz", ein Produkt von gebräunten Zwiebeln, Salz, Wasser und Mehl, sowie die dreifache Menge Pferdefleisch, die es in der Pferdemetzgerei im Wiehagen auf Marken gibt und bei der sich Vater, da er früher zu Hause ist, in der Schlange anstellt. Vater betätigt sich auch auf dem >Schwarzmarkt, der Bochumer Straße, Ecke Wiehagen ist. Er tauscht unsere Sonderzuteilungen an Schnaps (beide sind wir im Bergbau beschäftigte Schwerarbeiter und bekommen Sonderzuteilungen) gegen Reichsmark – eine Flasche gleich 400 Reichsmark –, und wir schicken das Geld in die russische Zone zu Mutter.

Hans Dienberg

1940er Jahre

Zusammenbruchgesellschaft

Zu dieser Zeit – es war noch vor der >Währungsreform – bekam ich meinen ersten neuen Mantel, hergestellt aus einer alten, blau gefärbten Militärdecke. Festgehalten wurde dieses bemerkenswerte Ereignis von einem Straßenfotografen auf der Bahnhofstraße, denn wer hatte damals schon einen Fotoapparat? Entweder war er beim ständigen Filzen während des Transports „verloren gegangen" oder er war für ein paar Pfund Kartoffeln bei einem Bauern im Münsterland gelandet. Auch wir waren zu den bereits abgeernteten Feldern gepilgert und hatten die paar vergessenen Kartoffeln ausgebuddelt. Es war aber nicht einfach, damit bis nach Herne zu kommen, denn als sich der überfüllte Zug dem Rhein-Herne-Kanal näherte, wurde er wegen der Behelfsbrücke immer langsamer. Das gab den Kartoffelräubern, die neben dem Zug herliefen, Gelegenheit, den Menschen, die zwischen den Waggons auf den Puffern saßen, mit langen Stangen die Säcke von den Knien zu pflücken.

Erich Völkel

1950er Jahre

Gemeinsames Klo

Mit der Familie Sibel verband uns einiges: In erster Linie waren sie unsere Nachbarn auf demselben Flur. Das bedeutete, gemeinsames Klo auf halber Treppe, gemeinsame Schlafzimmerwände und nicht zuletzt einen gemeinsamen Spülstein – zum Füße waschen und Salat putzen. Meine Oma kostete es jedes Mal eine große Überwindung, am Vormittag dort mit ihrem Gemüse hantieren zu müssen, wo sich morgens der Nachbar rasiert hatte. Da wurden große Aluminiumschüsseln angeschafft, um den Salat nicht im Spülstein selbst waschen zu müssen. Meine Oma war die erste, die im Haus von Aluminium auf Plastik umstieg. Plastikschüsseln waren leichter, man konnte dann auch Wasser in die Küche holen.

Lothar Gräfingholt

1950er Jahre

Die Kolonie

Hinter der Unterführung lag die „Kolonie". Was mochte das sein? Ebenso sprachen die Kollegen von einem >„Negerdorf". Laufen da vielleicht schwarze Menschen umher, vielleicht Frauen in Baströckchen, wie in den Kolonien Afrikas? In meiner Fantasie malte ich mir die tollsten Dinge aus. An einem Sonntag durchschritt ich mutig die Unterführung. Weit und breit keine Gefahr erkennbar. Nach wenigen Schritten schon standen drei kräftige Jungen vor mir. Sie nahmen eine drohende Haltung ein. Und einer sagte: „Mach ja, dasse weg kommst. Ihr Brüder vom >Bullenkloster fehlt uns noch. Unsere Hühner treten wir selber!" Schleunigst verließ ich diese ungastliche

Stätte. Aber meine Neugier war noch größer geworden. Ich hatte zwar keine Schwarzen in Baströcken gesehen, aber hübsche Mädchen in ihren bunten Sommerkleidern.

Horst Schlaak

1950er Jahre

Moritz-Eiskonfekt

In dem Stall hatten Opas Eltern, die auch schon in dieser Wohnung gewohnt hatten, in früheren Zeiten ein Schwein gehalten. Seitlich des Stalls, gegenüber dem Garten, war der Schweineauslauf angebracht. Wir nannten ihn damals Mistkuhle. Darin wurden Garten- und Küchenabfälle gesammelt. Allesamt hatte es wohl einen sehr guten Kompost gegeben, jedenfalls wuchsen in dieser Mistkuhle Prachtexemplare von Rhabarberstauden. Die einzelnen Stangen waren sehr dick und schmeckten hervorragend mit Zucker. Es fuhr dort so gut wie kein Auto. Selbst der Hausarzt praktizierte seine Hausbesuche mit dem Rad. Nur der Milchbauer kam täglich mit seinem Auto und machte mit seiner großen Messingglocke auf sich aufmerksam. In einer mitgebrachten weißen Milchkanne aus Blech erhielten die Frauen ihre Milch aus einem Zapfhahn. Der Milchbauer verkaufte auch Moritz-Eiskonfekt, von dem ich jeden Tag zwei in mein Drahtkörbchen bekam, nachdem der Milchbauer zwei Groschen aus ihm genommen hatte, die Mutter vorher hineinlegte. Ab und an kam der Klüngelskerl mit Pferd und Wagen, er spielte auf einer Pfeife Volksweisen. Die Leute brachten ihm Altmetalle, für die sie etwas Geld bekamen. Ebenfalls mit Pferd und Wagen wurde Stroh angefahren, das Mutter für den Kaninchenstall kaufte. Auch die Einkellerungskartoffeln wurden so geliefert, die im Herbst in einer >Kartoffelhorde im Keller für den Winter bevorratet wurden. Daneben waren die Regale, in denen in großen Mengen die Gläser mit eingewecktem Obst und Gemüse aus dem Garten standen.

Birgit Michaelsen

Der erste neue Mantel aus blau eingefärbtem Wehrmachtsmaterial auf der Herner Bahnhofstraße, Foto: privat

1950er Jahre

Gleichberechtigung

Wir hatten damals die Oma bei uns wohnen, wenn die Koteletts briet, sagte sie immer: „Wenn der Horst [ihr Mann] von der Arbeit kommt, kriegt der das größte Kotelett, der muss schließlich arbeiten.“ „Nee, nee,“ sagte ich dann, „die größten bekommen die Kinder, die müssen erst mal groß werden.“ Mein Mann bekam ja sein Kotelett, aber nicht das größte, sondern genauso wie alle anderen. Ich habe nie eingesehen, warum der Mann bevorzugt wurde.

Sammlung Böcker

1950er Jahre

Heiliger Rock

Im Jahre 1996 sollte wieder der >„Heilige Rock“ in Trier ausgestellt werden. 1959 waren meine Mutter und ihre Schwester mit ihren Männern zur letzten Rock-Wallfahrt gefahren. Zu der Zeit war meine Mutter noch sehr fromm, meine Tante ist äußerlich immer fromm erschienen. Beide hatten evangelische Männer geheiratet. Anfang der fünfziger Jahre sicher noch ein Problem. In der Ehe war dies in beiden Fällen nicht problematisch, aber für meine Großeltern waren diese ‚Mischehen‘ anfangs schwer. Deshalb unterstützten sie die Fahrt nach Trier. Mit Onkel Richards erstem Auto, einem Taunus M 12 mit der Erdhalbkugel an der Motorhaube. Man hatte mit der Rückkehr am frühen Abend gerechnet. Bis dahin hatten wir nie etwas von Staus gehört, deshalb machten sich meine Großeltern am Abend Sorgen. Gegen halb zwei in der Frühe bogen zwei Lichter in die menschenleere Straße ein: Alle waren wieder zu Hause. Sie waren in den ersten Stau ihres Lebens gekommen.

Lothar Gräfingholt

1950er Jahre

Kleines Haus

Meine Großeltern bezogen am 1. Oktober 1934 ihr neues Mietshäuschen für 29 Reichsmark im Monat. Es kamen drei Töchter hinzu, der Opa starb früh, dafür zog ein Schwiegersohn mit ein und dann als erstes Enkelkind kam ich 1957 dazu, alles auf einer Wohnfläche von maximal 50 qm! Ohne Bad!!! Zum Baden musste man in die kalte Waschküche – ab in die Volksbadewanne aus Zink. Als Kind konnte man ganz toll die abgeschrägte Seite hinunterrutschen und ins Wasser platschen. Gewaschen wurde dann in einem für mich riesigen Holzbottich, darin ging eine Art Ruderblatt immer hin und her und bewegte die Wäsche. Mit einem Paddel holte man die heißen Wäschestücke triefend nass aus dem Bottich, schwang sie quer durch die Waschküche und in das gemauerte Bassin, in dem die Wäsche klargespült wurde. Gerade die großen, nassen Bettwäscheteile zu heben, erforderte heftige Muskelkraft.

Mit der meist muckelig warmen Küche verbinden sich viele meiner Kindheitserinnerungen. Ganz besonders gemütlich wurde es immer zu Weihnachten. Die Wartezeit aufs Christkind verbrachte ich mit Oma dort. Der Kohleofen bullerte und wir hatten Kerzen an. Im glühend heißen Ascheschoss des Ofens garten die Bratäpfel vor sich hin; ich kann den Duft jetzt noch empfinden. Waren die fertigen Äpfel soweit abgekühlt, dass wir sie verputzen konnten, wobei man immer mal ein Stückchen Asche mitaß, nahte die Zeit, zu der das Glöckchen im Flur ertönte und meine Eltern die Haustür hinter dem Christkind schlossen.

Marina Schmitz

1950er Jahre

Wirtschaftswunder

Die neuen, immer weiter ansteigenden Verdienste durch Sonderschichten und Überstunden ließen den Konsum brummen und heizten den Wirtschaftsaufschwung so richtig an. Nicht nur, dass der Bergmann nun anfing, sich Wohnzimmer einzurichten, es gab auch immer tollere Sessel, Coachs und Schränke. Auch der alte Volksempfänger hatte ausgedient, und es musste jetzt schon ein >Nordmende, Grundig oder aber ein Loewe Opta sein. Der mit dem >magischen grünen Auge. Dazu kam meist dann auch sehr schnell ein Schallplattenspieler, mit erst >Einer- und dann später Zehnerlaufwerk. Ja, und der Renner wurde dann so ab 1953 der Fernsehapparat. Zu Beginn kostete der billigste, so mit 34 cm Bildschirm, bei >Neckermann noch um die 400 DM. Dafür musste Vati gut sechs Wochen arbeiten.

Klaus-Dieter Tovenrath

1950er Jahre

Lametta

Meine Mutter stand auf Lametta. Sie nahm nur Silberlametta. „Gold sieht so kitschig aus", sagte sie. Es war selbstverständlich, dass das Lametta nach Weihnachten, bevor der Baum zersägt wurde, abgenommen und fürs nächste Jahr verwahrt wurde. Wir hatten eine schöne Krippe zu Hause, die Papa in der Woolworth gekauft hatte, „Wollwort", wie es bei uns hieß. In den Stall hatte er eine Fassung eingebaut, eine kleine Birne, die er orangefarben angemalt hatte. So setzte er das Christkind ins rechte Licht.

Lothar Gräfingholt

1960er Jahre

Inne Pilze

Noch bis ins hohe Alter gingen meine Großeltern – gingen wir – in die Pilze. Mein Oppa hatte einen ausgezeichneten Riecher für Stammpilze, seine Lieblinge. Körbeweise brachte er sie nach Hause, und keine Sekunde empfanden wir diese Speise als Risiko. Meine Großeltern kannten ein Dutzend Pilze, die aber ‚todsicher'. Alles, was man nicht kannte oder das leicht mit giftigen Sorten verwechselt werden konnte, blieb stehen.

Peter Kruck

1960er Jahre

Brot

Das heiligste aller Nahrungsmittel war für meine Großmutter das Brot, wahrscheinlich wegen seiner liturgischen Verwendung in der Kirche als Leib Christi. Da verstand sie keinen Spaß, dem Brot musste immer besonders respektvoll begegnet werden. Heute schmerzt es mich, wenn bei uns zu Hause noch essbares Brot aussortiert wird, um es dann in getrockneter Form an unser Pferd zu verfüttern. Hier wirkt Großmutters Erziehung noch massiv nach. Wenn sie einen frischen

Kneipenbesuch 1974, Foto: privat

Laib Brot anschnitt – selbstverständlich durfte nur sie das tun –, dann schlug sie vorher mit dem Messer an der Unterseite ein Kreuz.

Peter Kruck

1960er Jahre

Teppichklopfen und Kittelschürzen

Ich erinnere mich an die typischen Geräusche, die vornehmlich vormittags bei schönem Wetter zu hören waren, wenn die fleißigen Hausfrauen ihre Teppiche über die Teppichstange legten und kräftig ausklopften. An ihren bunten Kittelschürzen und an einem Kopftuch, das hinten zusammengebunden wurde, konnte man sie erkennen. Gingen sie dann nach dem Hausputz zum nur um die Ecke gelegenen Tante-Emma-Laden „auf die Straße", konnten sie sicher sein, mindestens ein bekanntes Gesicht zu treffen. Jeder kannte in der Siedlung jeden. Ein kurzes Pläuschchen hier, ein längeres Pläuschchen da, die Zeit nahm sich jeder und das gehörte damals, als kaum jemand einen Fernseher besaß, zum täglichen Leben ganz selbstverständlich dazu.

Beatrix Petrikowski

1970er Jahre

Das Ende von Graf Moltke

Nach meiner Schulentlassung 1970 besuchte ich bis 1974 die Metallberufsschule Gelsenkirchen. Auf dem Weg dorthin passierte ich Graf Moltke 1/2 einmal wöchentlich mit der Straßenbahn, aber nur vom Herbst 70 bis zum Frühjahr 71. Der Grund für die kurzzeitige Benutzung dieses Weges war folgender: In meiner Klasse war ein Mädchen, welches ebenfalls aus Gladbeck stammte. In Butendorf, etwa auf Höhe der Helmutstraße, stieg sie in die Straßenbahn zu. Sie hieß Angelika, war eigentlich sehr nett und adrett (1971 oder 72 wurde sie im Falkenheim an der Erlenstraße zur „Miss Hot Pants" gekürt!). Aber sie redete pausenlos, dazu noch meistens über ihren süßen, kleinen Bruder. Das war nicht gerade das, was man als 16-Jähriger unbedingt hören wollte. So kam es, dass ich bis zum Ende der Lehrzeit 1974 die andere mögliche Route mit der Straßenbahn über Buer nahm. Außerdem stieg dort ein Mädchen zu, welches mir besser gefiel! Sie hieß auch Angelika, war sehr intelligent, politisch engagiert und entwickelte sich zu einer heimlichen Liebe von mir. Durch diese Verlegung meiner Berufsschulroute entgingen mir das Ende der Zeche Moltke und die damit verbundenen Abrissarbeiten völlig. Die Schachtanlage wurde so schnell „plattgemacht", dass ich 1976 bei einer kleinen Exkursion lediglich die vier Betondeckel der verfüllten Schächte, nebst einigen wenigen Gebäuden auf Graf Moltke 3/4 ausmachen konnte.

Der nächstgelegene Stadtteil war Rentfort. Dort wohnten mehrere Klassenkameraden. Mit dem einen, Bernd, verband mich die Liebe zur damals aktuellen Beatmusik der Sechziger mit den >Beatles, >Rolling Stones, >Troggs, >Kinks, >Monkees usw. Bernd war Klassensprecher, ein feiner Kerl und „Chef" der klasseneigenen Hitparade, die jeden Montag neu erschien. So manche „Musicsession" fand bei ihm nun zu Hause statt, da er ein tolles Tonband besaß und im Besitz der aktuellsten Popsongs war.

Manfred Frieben

Eisenbiegen bei der Firma Fenne in Gladbeck, Foto: privat

ARBEIT

„Schneller! Lass rollen!“

Kinder und Jugendliche hatten bis weit in die Nachkriegszeit hinein viel mitzuarbeiten: Kohleschippen, Spülen, Besorgungen erledigen, Tiere füttern. Sie und ihre Arbeitskraft waren wichtig für das Familieneinkommen und -auskommen. Dort, wo die Familienväter oder ältere Brüder im Krieg umgekommen oder verletzt zurückgekommen waren, galten sie zum Zeitpunkt ihres Ausbildungsbeginns mit 14 Jahren bereits als Familienernährer. Die Beiträge aus den 1970er Jahre zeigen einen Wandel: Das Lehrlingsgeld musste nicht mehr zu Hause abgegeben werden, und mit dem Bau der ersten Universitäten taten sich Ausbildungsalternativen auf. Deutlich wird zudem: Frauen waren im Ruhrgebiet zwar auch Büroangestellte, Tankwartin oder Kauffrau, für viele Jahrzehnte jedoch vor allem schwerstarbeitende Hausfrauen.

1900er Jahre

Büro-Fräulein

Unsere Oma, die Mutter unserer Mutter, wurde 1888 geboren, im so genannten Drei-Kaiser-Jahr, und sie ist 100 Jahre alt geworden. Unsere Oma ist in Dortmund geboren und hat immer in der Lindemannstraße gewohnt, in der Nähe der Möllerbrücke. Unsere Mutter war immer sehr stolz darauf, dass ihre Mutter damals schon – und das ist wirklich beachtenswert – berufstätig war: Sie war Büro-Fräulein bei einem Rechtsanwalt und Notar, später bei einem Vertreter einer Fischkonservenfabrik in Hamburg, wo sie die telefonischen Bestellungen annehmen und auch abwickeln musste. Sie konnte Steno. Wie meine Tante (Omas jüngste Tochter, über 90 Jahre alt) mir ganz belustig erzählte, hätte sie ihre Liebesbriefe mit ihrem Gustav (unserem Opa) sogar in Steno geschrieben. Er war Angestellter bei der Stadt und konnte auch Steno.

Anke Balling

1920er Jahre

Mädchen

Als einziges Mädchen hatte ich es besonders schwer. Ich musste immer mittags und abends – es gab auch abends warmes Essen – spülen. Für alle, auch für meine Brüder, musste ich draußen auch im Winter die Schuhe putzen. Was ich aber am meisten verabscheut habe, war das Aufpassen auf die kleinen Geschwister. Vor der Schule musste ich täglich zwei Liter Ziegenmilch holen. Nur mein Stiefbruder bekam Kuhmilch, die war teurer. Die Ziegenmilch war herber und fetter als die Kuhmilch. Ich mochte sie nicht. Im Herbst musste ich „stoppeln" gehen. Das bedeutete, dass ich barfuß zum Bauern auf ein abgeerntetes Feld gehen musste, um Ähren aufzulesen. Diese brachte ich dann nach Hause, mein Vater klopfte sie aus, und die Hühner fraßen sie. Genauso war es auch mit den abgeernteten Kartoffelfeldern. Meine Füße um die Knöchel waren nach dem Stoppeln oft blutig. Auch den Schweinestall musste ich ausmisten und das Futter für die Schweine zubereiten. Das Schweinefutter, das im Sommer eingekocht wurde, damit im Winter der „Schweinetrank" zum Füttern da war, stank immer furchtbar! Auch Eicheln musste ich für die Schweine sammeln. Davon durfte man aber nicht zu viel füttern, damit der Speck später nicht gelb wurde.

Auguste Solobodowski

1930er Jahre

Schwere Arbeit

Besser ging es meinen Eltern, als die Kinder so nach und nach arbeiten konnten. Eine Ausbildung bekam kein Kind. Sie wurden Bergleute oder Fabrikarbeiter. Die Mädchen arbeiteten in anderen Haushalten oder auch als Hilfskräfte. Mein Vater bekam Arbeit bei Thyssen. Er wäre gerne Musiker geworden, aber da bestand keine Chance.

Die einzige Möglichkeit, die er hatte, war in der Kapelle der >KPD die Querflöte zu spielen. Mein Vater bekam Arbeit im Akkord, mit einer Schaufel entlud er Waggons mit Eisenerzen für den Hochofen. Er hatte so viele Schwielen an den Fingern, dass diese fast viereckig waren. Ab und zu weichte er sie in Kernseifenlauge auf und schabte etwas davon ab. Aber mit diesen schwieligen Händen streichelte er mich sehr zärtlich, wenn er mit mir schmuste. Er sang mir auch oft etwas vor. Ich kenne heute noch einige Schlager von damals. Wenn er bei Frühschicht am Freitag seine Lohntüte bekam, brachte er mir vom Büdchen an der Ecke Mellinghofer Straße / Autobahn (jetzt A 40) eine Tüte Bonbons mit. Davon hatte ich nicht lange was, denn die Kinder aus der Nachbarschaft warteten mit mir auf meinem Vater. Ich verteilte die Bonbons sofort. Für meinen Vater war das wohl selbstverständlich, denn er sagte nie etwas. Er hatte immer alles mit seinen Geschwistern geteilt. Wenn er Nachtschicht oder Mittagschicht hatte, lag mein Bonbontütchen am Samstagmorgen in der Küche. Er vergaß es nie. Im Mai bekam ich einen großen Schokoladenmaikäfer. Mein Vater musste immer arbeiten, auch Weihnachten. Bei Frühschicht war die Bescherung am Heiligen Abend, bei Mittag- und Nachtschicht am ersten Weihnachtstag morgens. Ich wusste schon als Kind: Der Ofen muss laufen!

Gisela Hoffart

1940er Jahre

Kohlenschippen

Wenn wir zu Hause Kohlen bekamen, hat Opa immer wieder meine Kraft und Ausdauer bewundert und meinen Ehrgeiz angestachelt. Die Kohlen wurden halb auf den Gehweg und halb auf die Straße abgekippt. Wenn wir die ein bis zwei Tonnen durch das Kellerfenster geschaufelt hatten, sahen wir aus wie die Bergmänner nach acht Stunden Untertage. Ja, und dann will ein Junge von acht oder zehn Jahren natürlich auch seine Kraft beweisen und „schöppt" die Kohlen wie „ein Alter", oder er versucht es jedenfalls. Die Kohlen, die Opa bekam, waren unsortiert, d. h. es waren „dicke Brocken", aber auch Steine und viel, viel Staub! In den Steinen habe ich oft Fossilien, Reste von Fischen oder auch Farnen gefunden. Den Keller konnten wir erst am nächsten Tag betreten, wenn sich der Staub gelegt hatte. Und der hatte sich überall verteilt, aber so richtig dick! Man konnte ihn besser fühlen als sehen, denn elektrisches Licht gab's nicht im Keller! Eine Kerze anzünden war zu gefährlich, jedenfalls in den ersten Tagen danach.

Siegfried Bakiera

1940er Jahre

Dahlbusch

Mein Vater erhielt am 24. Oktober 1947 durch seine ehemaligen Schulkameraden Heinrich Schmidt und Heinrich Steinmetz einen Arbeitsplatz als

Platzarbeiter bei der Bergwerksgesellschaft Dahlbusch in Gelsenkirchen-Rotthausen und gleichzeitig ein möbliertes Zimmer bei der Steigerwitwe Herz. Ich ziehe zum Vater. Wir fangen beide morgens um 6 Uhr an. Vaters Arbeitsstelle ist beim Hauptschacht VIII an der Rotthauser Straße, wo er nunmehr als „Seilbahner" die Loren belädt, die die Kokerei in etwa 1,2 Kilometer Entfernung mit Kohle beliefert. Keine leichte Arbeit, er ist 53 und Bürokrat gewesen. Er macht das Beladen acht Stunden mit noch anderen Kumpels. Manchmal macht er doppelt, wenn die Lage dies erfordert. Er ist, wie ich auch, mittags auf der Zeche. Wir gehen früh zu Bett. Ich kuschele mich an Vater, er nimmt mich in den Arm und wir sprechen von besseren Zeiten. Das Aufstehen morgens um 5 Uhr ist ein Problem, da wir keinen Wecker haben. Es dauert eine ganze Weile, bis ich beim Betriebsrat statt eines Weckers einen Bezugsschein für ein kleines Radio bekomme, und so schlafen wir abends mit Musik und Nachrichten ein und wenn dann morgens das Rundfunkprogramm wieder los geht, werden wir geweckt.

Hans Dienberg

1940er Jahre

Hausfrau

1945, mein zukünftiger Mann wurde nach sechsjähriger Kriegszeit aus der Gefangenschaft entlassen. Er kam in einer total blutverschmierten Uniform aus dem > Kriegsgefangenenlager in Cherbourg nach Hause. Ein Jahr brauchten wir, um ihn wieder aufzupäppeln, damit er dann 1946 in Bonn an der Pädagogischen Hochschule sein Examen als Volksschullehrer machen konnten. Für alle Fächer, für alle Klassen. Wir konnten heiraten. Die Existenz war gesichert. Ich war aber sehr traurig, denn ich musste aufhören zu arbeiten. Als verheiratete Frau war das damals so. Das Gehalt eines Lehrers war im Anfang etwa 200 Reichsmark monatlich. Die Schule war alt, Kanonenofenheizung, vier Klassen, jede 89 Kinder. Keine Disziplinschwierigkeiten, gutes Lernen, der Lehrer galt noch etwas und die Eltern standen voll hinter dem Lehrer. Ich versorgte meinen Haushalt. Wäsche waschen auf dem Rubbelbrett. Die vollautomatische elektrische Waschmaschine, die es erst später gab, war für mich eine der tollsten Errungenschaften. Circa 500 Gläser Eingemachtes standen im Keller, eine tolle Leistung. Schwein und Hühner mussten versorgt werden und ein großer Garten war zu bewältigen. Kurz, die Arbeit einer damaligen Hausfrau.

Hilde Willems

1950er Jahre

Nicht nur Schrott

Da während der > Koreakrise bzw. der ersten Rohstoffkrise nach dem Weltkrieg recht gute Altmetallpreise gezahlt wurden, organisierte sich sehr schnell eine Sammelmannschaft aus uns Trüm-

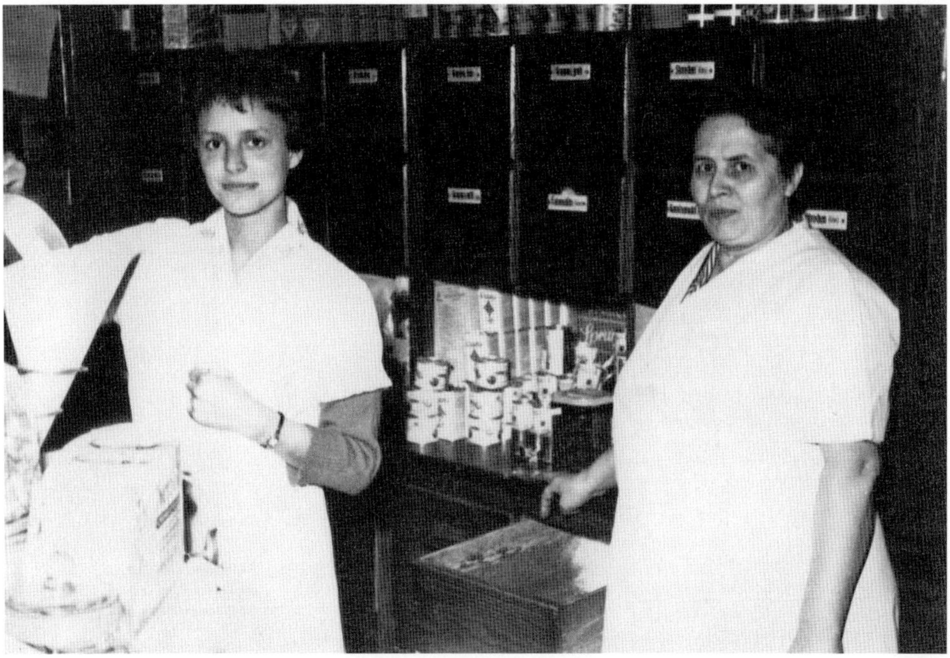

Lebensmittelverkauf Ende der 1950er Jahre, Foto: privat

merkindern, die sich auf Abbruch spezialisiert hatte. Wo die speziellen Werkzeuge wie Demag-Flaschenzüge, Ketten und Brechstangen rekrutiert wurden, weiß heute natürlich keiner mehr. Wir selbst waren, wie damals üblich, mit Hemd, Kniestrümpfen, Sandalen und kurzer Lederhose bekleidet und so dünne, dass man uns „das Vater unser" durch die Rippen blasen konnte. Aber zäh und umtriebig waren wir und doch sehr kräftig. So gingen wir denn ans Werk. Zunächst wurden Mauerreste und Giebelwände in der Trümmerwüste ausfindig gemacht, in denen noch Eisenträger oder Bleiwasserleitungen steckten. Mit Flaschenzügen und Ketten, mit denen man sehr geschickt umging, rückten die Abbruchtrupps diesen Objekten zu Leibe. Natürlich wurden Wachposten rund um die „Baustelle" platziert, denn viele Leute waren ja selbst scharf auf diese Materialien und gönnten keinem das Schwarze unterm Nagel. Der Erlös dieses Unternehmens wurde zum Kauf einer Packung „Gloria-Filterzigaretten" und Zucker-Geleebonbons > verjimbacht, wie wir immer zu sagen pflegten.

Horst Schick

186

1950er Jahre

Berglehrling

Die Busfahrt vom Bahnhof nach Essen-Heisingen, einem südlichen Stadtteil an der Ruhr gelegen, dauerte etwa eine halbe Stunde. Sie endete in dem Barackenlager Nottekampsbank, benannt nach einer alten Zeche, wo auf einer Anhöhe, nahe am Steilufer der westlichen Ruhrschleife, vor langer Zeit Steinkohle abgebaut worden war.

Unsere kleine Gruppe aus Niederbayern wurde dem üblichen Ablauf entsprechend zunächst registriert, anschließend mit Essen und Trinken versorgt und dann nochmals einer ärztlichen Kontrolle unterzogen, die auf uns allerdings wie eine Fleischbeschau und Qualitätskontrolle wirkte und in Gegenwart einiger Frauen auch eine höchst peinliche Prozedur war. Völlig nackt wurden alle Winkel des Körpers abgetastet und sein Innerstes durchleuchtet. Trotz der vorangegangenen Untersuchungen im Heimatort wurde so mancher Bewerber jetzt wegen seiner Plattfüße oder schrägen Zähne wieder heimgeschickt.

Mein Leben als Berglehrling begann alles andere als heroisch, allein das tägliche Aufstehen in aller Frühe, der Kampf um einen Platz am Waschbecken, beim Frühstück und manches mehr war gewöhnungsbedürftig. Doch schnell hatte ich gelernt, dass mir die Pantoffeln nur so lange gehörten, wie ich sie an den Füßen hatte, und auch mein Handtuch, während ich mich einseifte, nur so lange, wie ich es im Auge behalten konnte; selbst die Blechschüssel hielt ich während des Frühstücks mit einer Hand fest. Die anschließenden Fußmärsche zur Lehrwerkstatt quer durch die Bergmannssiedlung bis zur Ringstraße an der Zechenmauer entlang, dann die schnurgerade Straße neben dem Bahngleis, waren nur bei schönem Wetter angenehm. Dazu drückten die neuen Arbeitsschuhe mit Stahlkappen im Zehenbereich anfangs gewaltig und ich bekam Blasen.

Ich war mit meinen 14 Jahren der Jüngste im Heim und konnte mich nur behaupten, indem ich glaubte, mich anpassen zu müssen. Und so war ich als Mitläufer gelegentlich an manchen Aktionen beteiligt, die ich von meiner Erziehung her eigentlich zutiefst verabscheute. Obwohl ich mir dabei ziemlich elend vorkam, habe ich mich, um von den anderen akzeptiert zu werden, an Schlägereien beteiligt, fing an zu rauchen und versuchte mich zuweilen, wie die andern auch, aggressiv zu verhalten. Wir Jüngeren hatten, wenn wir nicht gerade für die > Kratzbank abgestellt waren, in der Lehrwerkstatt nur Frühschichten, das bedeutete, um 5:00 Uhr morgens aufstehen, dafür aber schon um 14:00 Uhr Feierabend haben. Damit sollte für uns eine geordnete Nachtruhe sichergestellt werden. Diese Regelung

Im Bergmannskittel, Foto: privat

funktionierte in einigen Schlafsälen unseres Lehrlingsheimes aber nur selten. Abgesehen von einigen Zimmerschlachten, die meist erst gegen Mitternacht ausgetragen wurden, hatten die Älteren auf dem Heimweg durch die Siedlung Bekanntschaften gemacht und schleusten ab und zu auch andere Gäste ins Haus. Einige Mädchen, die man mit allerlei Versprechungen neugierig gemacht hatte, wurden dabei zu Opfern. ...

Es blieb mir nichts anderes übrig: Ich musste mich diesen Widrigkeiten stellen und sie überwinden. Als rettenden Strohhalm sah ich dabei die beruflichen Anforderungen, die mir nicht nur Freude bereiteten, sondern denen ich mich problemlos gewachsen fühlte. Dies und alle andern Argumente vermittelten mir mehr und mehr das undeutliche Gefühl, dass ich nur einen festen Willen aufzubringen hätte, um aus dieser gefährlichen Lage herauszukommen.

Hans Völkel

1950er Jahre

Das Ächzen des Grubenausbaus

Mit sechzehn Jahren begann meine Arbeit unter Tage. In einem Lehrrevier lernte ich, wie man Kohlen aus dem Berg bricht, wie man Strecken auffährt, wie man mit > Gezähe und Sprengstoff umgeht, wie man den > Grubenausbau einbringt, wie man auf die vielfältigen Geräusche achtet und entsprechend reagiert. Der Berg drückte auf die Hohlräume mit vielerlei Stimmen. Das Ächzen des Grubenausbaus verriet die Gefahr von oben. Das Gelernte, der Verstand und der Instinkt waren Garanten für das Überleben unter Tage. Der kleinste Fehler konnte den Tod bedeuten.

Horst Schlaak

1950er Jahre

Lohntüte

Opa starb im Februar, kurz vor seinem vierzigsten Hochzeitstag. Er ist zu Hause in den Armen meiner Mutter eingeschlafen, in seinem Bett. Dr. Olfs, unser Hausarzt, kam und stellte den Totenschein aus. Wichtig für Omas Rente war, dass Opa an den Folgen seiner Staublunge gestorben war. Dadurch bekam sie weiter die Unfallrente. Die Rente wurde damals noch bar ausgezahlt: An jedem Ersten kamen drei Herren von der Knappschaft und am Tag davor oder danach von der Sektion in den Saal der Kneipe, setzten sich hinter einen links vom Eingang quer aufgestellten Tisch und riefen die Rentner der Reihe nach alphabetisch auf. Oma ging immer Rente holen. Mich hat sie oft mitgenommen. Sie traf dort viele Bekannte. Oma musste unterschreiben und erhielt dafür eine Tüte mit Geld. Sie zählte nie nach, weil sie nicht wollte, dass andere sahen, welche Rente Opa bekam. Erst draußen, wenn wir alleine waren, machte sie die Tüte auf.

Lothar Gräfingholt

Junge Bergleute in der Kaue, Foto: privat

1950er Jahre

Meine Tante der Tankwart

Meine Tante hat in der Stadt – an der Alleestraße – Tankwart gelernt, konnte früh Auto fahren und Autos reparieren. Ich erinnere mich noch an ihre Konfirmation. Hartmut und ich standen frierend mit einem Strauß aus fünf Tulpen vor der Hiltroper Kirche, um ihr zu gratulieren. Sie hatte ein mächtig schickes, schwarzglänzendes Kleid an, und wir hätten sie beinahe nicht erkannt. Obwohl mein Großvater Konfirmandenvater war, hatte er es vorgezogen, zu Hause zu bleiben, weil erstmals im Jahr Tauben geschickt wurden. Kurz nach dem Ende ihrer Tankwartausbildung wurde meine jüngste Tante > Diakonisse und war einige Zeit im so genannten Diakonissenhaus in Witten. In schwarzer Tracht und weißem Häubchen war sie dann für wenige Jahre der Stolz der Familie. Später war es damit aus, und sie wurde Krankenschwester in Zivil. Später besuchte sie uns ganz unregelmäßig mit ihrer Freundin, der Tochter eines evangelischen Küsters, der sehr streng evangelisch lebte.

Lothar Gräfingholt

1950er Jahre

Bei den Brüdern Albrecht

Als ich 13 Jahre alt war, verunglückte mein Vater tödlich, ich war eine Halbwaise und bekam kostenlose Schulmilch. Meine Mutter nahm Untermieter auf, weil die Unfallrente nicht hoch und das Haus noch nicht bezahlt war. Damals lebten viele Witwen in der Siedlung, die sich ebenso über Wasser hielten. Einmal hatten wir einen Inder bei uns wohnen, er machte ein Praktikum auf der Zeche, weil er Bergbauingenieur studierte.

Ich war begabt und wollte Modezeichnerin werden. Meine Mutter sagte, das wäre brotlose Kunst, und der Rektor von der „Glückaufschule“ riet ihr, ich solle erst mal was Anständiges lernen. Sie zerriss alle meine Zeichnungen, um die Flausen aus meinem Kopf zu kriegen. Ich war entsetzt, denn in der Glückaufschule hingen in den Klassenräumen und Fluren meine Zeichnungen an den Wänden. Dann bekam ich eine Lehrstelle bei den Brüdern Theo und Karl Albrecht, Lebensmitteldiscounter auf der Huestraße in Essen-Schonnebeck. Als Lehrmädchen musste ich viel putzen, Lager aufräumen, schwere Gemüse- und Getränkekisten schleppen. Dann wurde ich nach Katernberg, Meybuschhof versetzt. Dort musste ich am Wochenende frische Hühner ausnehmen und verteilen. Ich ekelte mich sehr davor, es nützte nichts. Das war noch keine Selbstbedienung, alles musste abgewogen werden. Mit dem Rechnen tat ich mich schwer und sollte üben. Freitags kam immer eine Kundin und kaufte für ihre Großfamilie ein, und ich musste sie bedienen, hinterher wurde alles kontrolliert. Ich hatte immer höllische Angst, denn die Leiterin kam am Wochenende zu uns, weil meine Mutter für sie Kleider nähte, dann erzählte sie meine ganzen Schandtaten. Da ich in Plakatschrift gut war, durfte ich die Preisschilder schreiben, darauf war ich stolz. Ein Coca-Cola-Fahrer, der uns belieferte, flirtete mit mir und wollte mich mal abends abholen, es fiel auf und prompt hatte ich zu Hause Theater.

Renate Bodyl

1950er Jahre

Von West-Berlin nach Westfalen

Ich verließ West-Berlin, um im Ruhrgebiet zu arbeiten. Mein Arbeitsbeginn bei Demag-Zug in der Kleinstadt Wetter an der Ruhr war am Mittwoch, 1. Oktober 1958. Vom Bahnhof Zoologischer Garten in Berlin fuhr der Nachtzug um 20:27 Uhr ab und kam um 5:00 Uhr morgens in Dortmund an. Diese lange Reisezeit entstand durch die beiden DDR-Grenzkontrollen. In Westfalen gelandet, wohnte ich vier Wochen in der Innenstadt von Hagen und fuhr mit dem S-Bahnzug zur Arbeit. Da aber die Fenster, laut Angabe der Wirtin, wegen des „Stadtbildes“ am Abend nicht geöffnet werden durften, zog ich bereits vier Wochen später nach Herdecke.

Da Konstrukteure für Maschinenbau in Deutschland knapp waren, flog ich mit dem Personalleiter Adolf Winkler nach London und Berlin, um Techniker mit „konstruktiver Eignung“, die sich bei uns beworben hatten, auszuwählen. 140 Jahre zuvor hatte Friedrich Harkort in England Gesellen und Meister angeworben, um die „Mechanische Werkstätte“ auf der Burgruine Wetter zu beginnen.

Klaus Becker

1960er Jahre

Lehrer in Gelsenkirchen

Die Stadt hatte von meinem Mann gehört, war er doch der einzige Sprachheillehrer in der großen Stadt Gelsenkirchen. Man bat ihn, in der Schule „Auf Böhlingshof“ Sprachunterricht zu geben. Er ging dorthin, eigentlich nur um sich ein Bild zu machen, was dort los war. Es war ein Gemisch aller Altersgruppen und Behinderungen. „Nein“, sagte mein Mann, „so geht das nicht. Es sind Kinder, die richtig geschult werden müssen.“ Es gab für diese Kinder ja keine Schulpflicht und noch nicht einmal eine Meldepflicht. Wegen der > Euthanasie im „Dritten Reich“ versteckten Eltern ihre behinderten Kinder sogar. Der harte Kampf, diesen Kindern gerecht zu werden, ging los. Nach vielen Kämpfen und Gesprächen mit der Stadt und immer wieder Bittgängen zu allen Ämtern und Parteien wurde 1964 eine Versuchsklasse unter Leitung meines Mannes zugelassen. Damit wurde der Grundstein für die Körperbehindertenschule gelegt, die nach einem Jahr auch gegründet wurde. Dann ging es erst richtig los, denn die Schule wuchs und wuchs. Es waren glückliche Kinder. Aus den Holz-Rollstühlen wurden langsam Elektro-Rollstühle mit aller Technik.

Wir konnten auf Großfahrt gehen. Ich als Lehrersfrau durfte lange ehrenamtlich mithelfen. Ich betreute auf den Fahrten in der Hauptsache die > Spina bifida-Kinder, da immer noch viel zu wenig Betreuungspersonal da war.

Hilde Willems

1960er Jahre

Conti-Schicht

Als Thyssen die Mehrheit von Krupp übernommen hatte, wurden die Deutschen Edelstahlwerke stillgelegt. Vater kam zur Henrichshütte nach Hattingen. Dort gab es die so genannte > Conti-Schicht, was bedeutete, dass mein Vater sieben Tage morgens arbeiten musste, dann zwei Tage frei hatte, danach musste er sieben Tage mittags arbeiten, hatte wieder frei, um danach sieben Tage auf Nachtschicht zu gehen. So mussten wir unseren gesamten Familienrhythmus umstellen: alle Feiern folgten seiner Schicht, und Ausflüge am Wochenende konnten nur noch einmal im Monat stattfinden. Durch die vielen Zulagen verdiente er aber deutlich mehr als bei den DEW.

Lothar Gräfingholt

1960er Jahre

Große Wäsche

Nach der Hochzeit übernahm meine Mutter dann den Waschtag auch für meine Großeltern, um sich etwas erkenntlich zu zeigen. Alle vier Wochen montags ging sie schon morgens um 5:00 Uhr in die Waschküche. Der Wasserdruck war stets schlecht, weil alle Frauen montags ihren Waschtag hatten. Der Wassermotor kam nur schwer in Gang und Mutter musste von Hand nachhelfen. Ich hatte mich damals schon immer gefragt, wieso keine von den Frauen einen anderen Tag für das Waschen wählte. Die Wäsche wurde bei gutem Wetter im Garten auf langen Leinen zum Trocknen aufgehängt. Anfang der sechziger Jahre schafften meine Eltern die erste elektrische Waschmaschine an, ein Miele-Gerät. Eine große Erleichterung, obwohl noch eine Extraschleuder benötigt wurde. Sie stand direkt neben der Waschmaschine. Die gewaschene Wäsche musste noch aus der Waschmaschine in die Schleuder umgepackt werden, die dann die Wäsche ausschleuderte. Das Wasser lief unten aus einem kurzen Rohr in eine Schüssel, die darunter stand. Für heutige Verhältnisse ein Behelf – damals eine große Errungenschaft.

Birgit Michaelsen

1970er Jahre

Steak im Brötchen

Drittes Lehrjahr! Ich mache eine Dreherlehre hier auf dem Edelstahlwerk, bin einer von vielen. Es gibt die Kaufleute, die Technischen Zeichner, Laboranten und die, die sich die Finger dreckig machen. Die Schlosser, Dreher, Fräser und meinetwegen auch noch die

40-jährige Betriebszugehörigkeit zur Firma Flottmann, 1980, Foto: privat

Starkstromelektriker. Wir Dreher sind acht Jungs.

Ich hätte auch bei Rheinstahl in Annen anfangen können, aber Edelstahl hat eine feine Kantine. Nach der Werksbesichtigung gab´s da Steak im Brötchen, mit ordentlich Ketchup drauf. Außerdem ist die Lehrwerkstatt ganz neu. Das gab den Ausschlag. Der Arbeitsanzug mit Werkemblem auf der Brusttasche wird vom Werk gewaschen, ich kriege 220 Mark im Monat, muss zu Hause nichts abgeben. Die Arbeiter in der Teeküche würden sagen: „der hat noch was vom Leben".

Das > Backenfutter der Drehbank schnurrt mit 360 Umdrehungen. Der Hartmetalldrehmeißel fährt am Werkstück entlang, schält es förmlich. Späne sausen heißglühend durch die Luft. Ich trage die Schutzbrille zum Haarnetz, sehe aus wie ein großes Insekt. Den

P

Ausbilder, der hinter meinem Rücken steht, bemerke ich zunächst nicht. „Schneller" tönt er mit seiner bollerigen Kommandostimme. „Lass rollen!"

Nach der Gesellenprüfung gehen wir feiern. Alle acht aus unserem Lehrjahr haben bestanden. Wir stehen an der Theke des „Tor 6", einer winzigen Kneipe direkt gegenüber vom Pförtner, und trinken. Wir trinken Sachen, die wir sonst nicht trinken und die wir nicht vertragen. Es ist Juli 1974. In ein paar Tagen werde ich zwanzig.

Peter Zontkowski

1970er Jahre

Bildung

Meine Generation wird alt, auch unsere Welt verändert sich. Und dann denke ich an meine Großeltern und versuche zu verstehen, wann ihre Welt nicht mehr die ihre war, sondern zu unserer wurde. Der Zeitpunkt ist nicht wirklich wichtig, die Ursache für den Wandel ist es: Es war die Bildung. Die Abnabelung von der Generation „Montan" erfolgte durch den Bau der Universitäten im Revier.

Peter Kruck

Beginn der Ruhr-Universität Bochum mit zwei Gebäuden und wenig Studierenden, Foto: Manfred Hannok, Universitätsarchiv Bochum

Karneval im katholischen Kindergarten in Herne-Sodingen Anfang der 1960er Jahre, Foto: privat

KINDHEIT

„Gehorsam stand an erster Stelle."

Wie andernorts auch war die Kindheit im Ruhrgebiet über lange Zeit durch eine autoritäre Erziehung geprägt, die mit körperlicher Züchtigung einherging. Kinder hatten zu gehorchen und den Anweisungen Erwachsener Folge zu leisten. Den Nationalsozialismus erlebten die einen als Zeit der Ausgrenzung, die der eigenen wie die fremder Personen, andere als Möglichkeit, Uniform zu tragen und damit als Kind einen männlichen Habitus einzuüben. Die Kinderlandverschickung wird als Phase des Alleinseins und großer Verunsicherung erinnert. Und auch nach dem Krieg war Kindsein mit großen Einschränkungen verbunden: Hunger war ein weitverbreitetes Phänomen, gespielt wurde in den Ruinen der bombenzerstörten Städte, und die Bekleidung wurde aus verfügbaren Materialien angefertigt, auch wenn es nur kratzige Zuckersäcke gab. Kindern wurde zwar viel zugemutet, aber auch enorm viel zugetraut, so dass sie einen, gewiss von vielen Müttern und Vätern unfreiwillig zugebilligten Grad an Selbständigkeit und Freiheit kannten, der späteren Generationen fremd bleiben sollte.

1920er Jahre

Mutter

Da meine Mutter Tuberkulose hatte, mussten wir Kinder regelmäßig zur Untersuchung. Davor hat es uns gegraust. Die Lunge wurde in einem dunklen Raum geröntgt, und wir waren alleine mit dem Arzt. Dabei mussten wir uns mit dem Rücken an eine kalte Platte lehnen, und eine andere wurde an unseren Brustkorb herangefahren. Dann musste man stillstehen und den Atem anhalten, damit eine Aufnahme gemacht werden konnte. Davor hatte ich Angst und weinte und schrie. Der Arzt ärgerte sich darüber und gab mir einen Klaps auf den Po. Darauf schrie ich noch mehr, und meine Mutter stürzte ins Zimmer. Mit dem Satz: „Mein Kind hau´ ich alleine", schlug sie ihn auf den Arm. Das hat mich sehr beeindruckt.

Auguste Solobodowski

1920er Jahre

Gehorsam

Die Erziehungsmethoden waren damals etwas drastisch. Gehorsam stand an erster Stelle. So habe ich auch Schwimmen gelernt. Unser Vater ging mit uns Kindern nach Marl zum Lippe-Seiten-Kanal. Er selbst konnte nicht schwimmen. Helmut und ich bekamen nacheinander einen Strick um den Bauch gebunden. Wir wurden von unserem Vater ins Wasser geschubst mit den aufmunternden Worten: „So, jetzt schwimm!" Wir konnten uns über Wasser halten und wurden am Seil gehalten, während unser Vater am Ufer entlang lief. Später in der Schule hatten wir daher einen Vorteil, weil wir schon etwas Schwimmen konnten.

Auguste Solobodowski

1930er Jahre

In der Nacht

Nicht nur auf der Altenessener, sondern auch in der Kolpingstraße und in der Bürgerstraße wohnten einige jüdische Familien. Wenn meine Oma morgens vom Einkaufen kam – wir wohnten in der Kolpingstraße, und ihr Weg ging immer durch die Bürgerstraße –, dann sagte sie: „Da ist schon wieder eine Wohnung leergeräumt worden." Es wurde nicht groß darüber gesprochen. Die Juden wurden des Nachts aus den Wohnungen geholt und diese gleich ausgeräumt. Keiner hat mitbekommen, wo sie geblieben sind. Die Leute machten sich wohl ihre Gedanken, aber niemand wagte die Gestapo, die für diese Nacht- und Nebelaktionen verantwortlich war, zu stören.

Sammlung Böcker

1930er Jahre

I-Männchen

Nach den Osterferien 1935 kam ich in die Schule. Der erste Buchstaben, den wir lernten, war das i, rauf – runter – rauf, Pünktchen drauf. Deshalb nannte man die Erstklässler I-Männchen. Unsere katholische Schule XIII befand

Kommunion mit Krönchen und Bleyle-Anzug, 1940er Jahre, Foto: privat

Konfirmandin, 1930er Jahre, Foto: privat

sich im Holdeweg. Es waren zwei Gebäude und ein Toilettenhaus. In einem Haus waren die Mädchen und im anderen die Jungen. Es gab jeweils acht Klassen- und ein Lehrerzimmer. In jedem Raum stand ein Kohleofen, den der Hausmeister in den Wintermonaten beheizen musste. Wir saßen immer zu viert in einer Bank auf Klappsitzen. Wenn wir aufstanden, klappte der Sitz zurück. Zu jedem Sitz gehörte ein Tintenfass. Das musste der Hausmeister auch ständig auffüllen. Als Anfänger schrieben wir noch nicht mit Tinte. Wir übten auf einer Schiefertafel und schrieben mit einem angespitzten Griffel, auch aus Schiefer. An der Tafel hing der Tafellappen, und im Tornister war die Schwammdose mit dem feuchten Schwamm. Wenn die Tafel vollgemalt oder beschrieben war, wurde mit dem Schwamm alles weggewischt und mit dem Tafellappen trocken geputzt. Das war dann, als ob man im Heft eine neue Seite aufschlägt.

Walter Coßmann

1930er Jahre

Tod

Am 22. Dezember 1935 haben Vater, Anneliese und ich die Krippe und den Weihnachtsbaum aufgebaut. In der Nacht war plötzlich große Unruhe in unserer Wohnung. Stimmen waren zu hören, Leute waren da und irgendwann hieß es: Vater ist gestorben. Ohne jede Vorwarnung hatte er einen Herzschlag erlitten. Wie üblich wurde er in der Wohnung aufgebahrt. Am nächsten Morgen kamen die Männer vom Beerdigungsinstitut, stellten den Sarg im Wohnzimmer auf, warfen den Weihnachtsbaum aus dem Fenster, verdunkelten den Raum mit schwarzen Tüchern und der Tote wurde in den Sarg gelegt. Verwandte und Nachbarn kamen in den nächsten Tagen, um sich zu verabschieden und zu beten. Die Beerdigung war zwischen Weihnachten und Neujahr. Nach der Messe versammelte sich die Trauergemeinde auf der Straße vor dem Haus. Der Leichenwagen mit zwei Pferden war vorgefahren, und der Sarg wurde aus der Wohnung geholt. Das dauerte. Wir wohnten in der ersten Etage und da führte eine gerundete Treppe hin. Der volle Sarg passte nicht um die Rundung. Es musste erst das Treppengeländer abgeschraubt werden. Endlich konnte die Prozession zum Terrassenfriedhof losgehen. Die Gruft war genau auf der Gegenseite. Es war auch später immer ein weiter Weg. Zwei Monate nach dem Tod unseres Vaters wurde am 20. Februar 1936 seine Tochter Gertrud geboren.

Walter Coßmann

1940er Jahre

„Blut und Ehre“ und „Gott mit uns“

In Huckarde konnte man schnell zu spüren bekommen, dass eine neue Zeit angebrochen war. Auf der einen Seite existierte für die katholischen Schüler und Schülerinnen die starke Persönlichkeit des damaligen Pastors Assmann. Und auf der anderen Seite gab es die jungen Führungspersonen aus der > Hitler-Jugend. Pastor Assmann machte sich nichts aus Nazis. Die Jungen, die im Jungvolk waren, trugen schon eine Uniform. Die bestand aus einem braunen Hemd für den Sommer sowie einer kurzen Manchesterhose. Dazu gehörte ein Schulterriemen und ein breiter Lederriemen mit einem Koppelschloss aus Metall. Darauf war eine Inschrift angebracht. Die konnte heißen > „Blut und Ehre“, aber auch „Gott mit uns“. Die Uniform mussten die Eltern selbst kaufen. Ich habe nie eine besessen. Mein Vater hat mir keine gekauft. Jeden Sonntag war Antreten beim Jungvolk. Das begann stets mit der Aufforderung, sich in Reih und Glied aufzustellen. Dann kamen aus dem Mund des Fähnleinführers die Worte: „Kirchengänger, rechts raustreten“. Die Kirchengänger mussten schon in ganz jungen Jahren Charakter beweisen und sind auch wirklich rausgetreten und dann in den

Katechismus-Unterricht gegangen. Die anderen sind dann immer laut singend durch das Dorf gezogen.

Werner Krause

1940er Jahre

Kinderlandverschickung

1943, als die Situation zu Hause immer gefährlicher wurde, lebten wir praktisch in einer behelfsmäßig in Stand gehaltenen Ruine, die kaum noch Schutz vor der Witterung bot. Als wir mehr im stickigen, schummrig beleuchteten Luftschutzbunker als zu Hause lebten, entschieden meine Tante Lenchen und Onkel Hennes, ihren zweitältesten Sohn Heinz der > NS-Kinderlandverschickung anzuvertrauen.

Ihre positiven, ja euphorischen Berichte veranlassten meine Mutter, nach entsprechend brieflich eingeholten Nachfragen, mich hinterherzuschicken. Auf dem am Rande des Dorfes Marktwald im bayerischen Schwabenland gelegenen Bauernhof stellte sich für mich bereits kurz nach meiner Ankunft heraus, dass das Leben hier keineswegs paradiesisch war. Da ich im Gegensatz zu meinem Cousin Heinz – fatalerweise – nicht offiziell mit der > NS-KLV gekommen war, erhielten der schon etwas ältere kinderlose Bauer und seine Frau, die schon immer gegen Bezahlung Pflegekinder aufgenommen hatten, für mich zunächst noch keine sonst übliche finanzielle Unterstützung und keine Lebensmittelkarten.

Bis meine Mutter nachträglich zu Hause die erforderlichen Formalitäten erledigt hatte, dauerte es seine Zeit. In der Zwischenzeit wurde ich – damals neun Jahre alt – wie ein Parasit und nichtsnutziger Esser behandelt. Ich fühlte mich sehr allein und von allen verlassen, zumal unsere Gastgeber meinen „geldwerten" Cousin in jeder Hinsicht bevorzugten und ihn sogar gegen mich aufhetzten. Ich wurde zum Bettnässer, was die ganze Situation nur noch verschlimmerte.

Das Essen und die Essensgewohnheiten waren für uns äußerst gewöhnungsbedürftig. In der Mitte des großen Holztisches gab es eine Vertiefung. Da hinein wurde zum Frühstück Brot gekrümelt und mit Kuhmilch übergossen. Jeder hatte einen Löffel und musste sich beeilen, von den Speisen möglichst viel mit zu bekommen. Wir Kinder mit unseren naturbedingt noch kurzen Armen waren dabei a priori im Nachteil.

Als Hauptspeise gab es häufig > Schupfnudeln, aus Mehl und Wasser hergestellte Teigwaren, an die ich mich trotz allen Hungers heute noch wegen ihres bitteren Geschmacks nur mit Abneigung erinnere. Fleisch war dem Bauern vorbehalten. Es hieß hinter vorgehaltener Hand, er würde auch Katzen und Hunde schlachten und zu Räucherfleisch verarbeiten. Gelegentlich bekamen wir davon etwas ab.

Wilhelm Niehüsener

1940er Jahre

HJ

Die Ansage im Volksempfänger, „Bombenverbände dringen über Venlo oder Emmerich ins Reichsgebiet ein“, bedeutete Bombardierung des Ruhrgebietes. Zu Beginn der verstärkten Bombardierung wurden die Angriffe nachts geflogen. Gegen Ende des Jahres 1944 wurden meine Eltern aufgefordert, mich zur Registrierung und Anmeldung als > Hitler-Junge zum Sportplatz am Nordpark zu schicken. Das machte mich sehr stolz, in Zukunft mit Uniform an Zusammenkünften der > Hitler-Jugend teilzunehmen. Nachdenklich machte mich, dass Mutter und Vater sich nicht begeistert zeigten, auf mein Bitten und auch, um nicht als Saboteure der Naziideologie zu gelten, jedoch zustimmten. Aufgrund des sich nähernden Kriegsendes wurde ich nie ein Hitler-Junge in Uniform. Die Niederlage Deutschlands war am Beginn des Jahres 1945 nicht mehr aufzuhalten. Die alliierten Truppen waren schon in das Reichsgebiet eingedrungen.

Herbert Pemp

1940er Jahre

Radiohören

Ich wurde eingeschult und mein Vater als Soldat eingezogen. Meine Mutter häkelte mir Tafelläppchen und sorgte dafür, dass diese immer sauber aus dem Tornister baumelten. Das war sehr wichtig! Denn so sahen alle Leute, dass das Kind ein gutes Zuhause, eine fleißige Mutter hat. Fast jeden Tag schlossen wir einmal die Küchentür ab, damit niemand hereinkommen konnte. Onkel Willi nahm eine dicke Decke. Wir setzten uns eng an das Radio, zogen die Decke über unsere Köpfe und das Radio und hörten > ausländische Nachrichten. So erfuhren wir, was wirklich los war. Zu meinem zehnten Geburtstag schenkte mir jemand aus der Nachbarschaft Adolfs „Mein Kampf“. Es gab nichts anderes. Tante Lena nahm immer ein paar Blätter zum Feueranzünden, wir alle, wenn nötig, nahmen Blätter mit zum Klo. Wir mussten die Blätter, die

Karneval 1939, Foto: privat

übrig blieben, mit in die Wohnung bringen, damit niemand merkte, dass wir uns mit Adolfs Buch den Hintern abputzten.

Gisela Hoffart

1940er Jahre

Lehrerinnen und ein Lehrer

Dann war da Fräulein Haberland, die Dame in Hosenröcken, groß und kräftig gebaut. Ein richtiges „Trumm". Unsere Klassenlehrerin war Fräulein Fenske. Eine kleine, für mich alte und zierliche Dame. Ihre weißen und zurückgekämmten Haare waren zu einem Knoten gebunden. Ganz etepetete und katholisch, was sie immer besonders betonte. Mitschülerinnen, die ebenfalls katholisch waren, hatten bei ihr eine ganz besondere Nummer. Sie sammelte Ansichtskarten und hatte davon viele Kartons voll. Sie verwendete die Karten in der Erdkundestunde, um uns zu zeigen, wie es in der jeweiligen Stadt oder Landschaft aussah. Im Übrigen stammte sie aus Schlesien. Ansonsten war sie aber verständnisvoll und lieb. Ihr Ebenbild, Fräulein Wellershoff – gleiche Haare, gleicher Knoten und gleiche Größe – war wohl etwas kratzbürstiger. Dann gab es noch Fräulein Bender und

Kinderschützenfest in Altenessen, Foto: privat

den „süßen Benno“ (Lehrer Wilms), aller Backfische große Liebe, nicht zu vergessen. Und unser liebes Fräulein Bayerlein, Lehrerin in Französisch. Mit welcher Inbrunst sangen wir die Nasallaute nach der Melodie „Alle Vöglein sind schon da!“ Mit Ausgang des Krieges hat sie sich das Leben genommen, weil sie Mitglied der > NSDAP war. Das wäre wirklich nicht nötig gewesen.

Rosemarie Wohlgemuth

1940er Jahre

Kleidung

Mädchen trugen Zöpfe mit Schleifchen und wir Jungen die > Adolffrisur. „Hat man dir wieder einen Pisspott aufgesetzt?“ Bei den Jungen gehörte die Skimütze zum Bestand. Sie war aus Militärbeständen umgefärbt worden. Eventuell gab es auch einmal ein neues Teil. Dazu den selbst gestrickten Pullover aus Wollresten. Dieser war bunt, aber je nach Talent der Strickerin auch schön. Das Beinkleid war ebenfalls die eigene Kreation oder wir waren Träger einer Lederhose (selten). Darunter eine Unterhose oder Badehose sowie einen Hüftgürtel mit Strapsen. An diesen Gummibändern war ein sehr erotischer, weißer Wäscheknopf angenäht. Er diente der Befestigung von langen, kratzenden Wollstrümpfen. Diese langen Strümpfe waren der Tod eines jeden richtigen Jungen und wurden außer Sichtweite der Eltern sofort nach unten gekrempelt. Als Schuhwerk waren Holzklepperchen angedacht und im Winter auch Holz- bzw. Grubenschuhe. Den Sommer verbrachten wir meistens mit einer Turnhose bekleidet und liefen mit nackten Füßen durch unser Revier.

Die Freiheit für uns Kinder war einmalig. Die Alten hatten mit sich selbst zu tun. Nach und nach kamen die Söhne oder die Väter aus der Kriegsgefangenschaft zurück. Klassenunterschiede bei den Eltern gab es kaum. Alle waren auf Zollverein beschäftigt, entweder unter- oder übertage.

Fred Gäbel

1940er Jahre

Kellerkind

Eine Luftmine hatte unser Haus in der Aachener Straße dem Erdboden gleich gemacht. Der nicht eingestürzte Keller einer Ruine wurde unser neues Zuhause. Bei Regenwetter mussten überall Eimer aufgestellt werden, da es durch die Decke tropfte. Ich habe dann im Kruppschen Gelände Teile von Wellblech gefunden, mit denen wurde die Kellerdecke fast wasserdicht gemacht. Auf einem Foto von 1949 sieht man, dass auch viele Jahre nach Kriegsende alles Mangelware ist: Die Hose aus einem Militärmantel genäht und Barfußlaufen solange es das Wetter zuließ. Im Hintergrund das ausgebrannte Haus, in dem wir jetzt schon einige Zeit wohnten. Die Nachbarkeller waren jetzt auch bewohnt. Der Nachbar war Maler und hat alle Wände weiß gestrichen, und anschließend wurde mit einer Gummirolle ein Muster aufgerollt. Fertig war das Wohnzimmer, aber kalt. Ausgebombte hatten Anspruch auf einen Kanonenofen. Dieser tat dann auch seinen Dienst als Heizung und Kochgelegenheit. Brennmaterial holte ich aus den Trümmern. Das musste aber erst ofengerecht gesägt werden. Aber richtig warm wurde es nie.

Alfred Hollerbach

1940er Jahre

Hunger

In unserem Haus wohnten zwei Familien mit vielen Kindern. Ich weiß nicht mehr wie viele, aber so sechs Kinder hatte bestimmt jede. Da war es mit dem Essen schon ein bisschen knapp und sie guckten neidisch, wenn einer vor ihren Augen herzhaft in sein Butterbrot biss. So verbot mir mein Vater denn auch, meine Brote draußen vor den Augen dieser Kinder zu essen. Wenn ich Hunger hatte, musste ich immer nach oben kommen.

Sammlung Böcker

1940er Jahre

Schulweg

Zur Schule fuhr ich nur in Ausnahmen – wenn es stark regnete – mit der Straßenbahn, der Linie 15. Eine Fahrt kostete nämlich 15 Pfennige. Ein kleines Vermögen für meine Eltern, wenn man diesen Betrag auf Monate und Jahre der Schulzeit hochrechnete. Ich fuhr also mit dem Fahrrad, das mein Vater aus den Trümmern unseres Hauses ausgegraben hatte. Bereifung gab es natürlich nicht zu kaufen. So montierte mein Vater, nachdem er das übrige Rad einigermaßen hergerichtet hatte, Wasserschläuche aus Beständen unserer Familie auf die Felgen. Das war vielleicht ein Komfort! Alle drei bis vier Tage mussten die Schläuche um ein kleines Stück gekürzt werden. Dann wurde die Drahtkrampe wieder eingesetzt, welche die beiden Schlauchenden miteinander verband, und schon war die nächste Anfahrt zur Schule nach Herten wieder gesichert. So wurden mit jeder Hin- und Rückfahrt 30 Pfennige Straßenbahnfahrgeld gespart, was für die Haushaltskasse meiner Mutter eine Entlastung war. Einen Gewinn konnte meine Mutter auch dann verbuchen, wenn ich wegen des Regens morgens mit der Straßenbahn zur Schule gefahren bin, es aber nachmittags nicht regnete. In solchen Fällen lief ich dann zu Fuß von Herten nach Hause und konnte die ersparten 15 Pfennige an einem anderen Regentag wieder für die Straßenbahnfahrt benutzen.

Horst Theodor Onland

1940er Jahre

Sherman-Panzer

Hier war am 31. März 1945, dem Tag der Eroberung durch die Alliierten, ein > Sherman-Panzer liegen geblieben.

Ein neuer Erdenbürger,
Foto: privat

„Mein erstes Weihnachtsfest", Ende der 1950er Jahre,
Foto: privat

Eine Panzerfaust hatte die Antriebsketten zerstört. Als wir uns nach etwa drei Tagen wieder von unseren Wohnungen entfernen konnten und Kippen sammelnd in die Nähe des Bauernhofs kamen, hatten wir von einigen Frauen erfahren, dass da ein Panzer lag, aus dem einige Kinder kostbare Schätze wie Schokolade, Zigaretten, original verpackte Kaltverpflegung und auch Munition herausgeholt hatten. Das war das Signal für uns. Wir fanden sehr schnell den vor dem Bauernhof stehenden Panzer, umkreisten ihn vorsichtig und kletterten dann auf ihn. Durch die geöffnete Luke drangen wir in diesen Stahlkoloss ein. Natürlich faszinierte uns diese Technik – aber keine Spur von „Fressalien". Doch dann fiel uns auf, dass die Bodenplatten aufklappbar waren. Und da lagen sie vor uns, all die Päckchen und Dosen mit teilweise unbekannten Kostbarkeiten wie zum Beispiel Erdnussbutter, Salzkekse, Corned Beef und auch Zigaretten. Wir stopften uns die Taschen voll, zogen die Pullover aus, verknoteten sie und hatten so kleine Tragesäckchen.

Paul Kruck

1940er Jahre

Maisbrot und Schwarzmarkt

Direkt nach dem Krieg gab es das Maisbrot. Als Brotaufstrich aßen wir in Wasser gekochtes Grießmehl, und zur Geschmacksverbesserung wurden geröstete Zwiebeln darunter gerührt. Auch Kartoffelschalen wurden verwertet. Die wurden durch den Fleischwolf gedreht

„Mein erster Schultag“, Anfang der 1960er Jahre, Foto: privat

und Reibekuchen daraus gebacken. Eine Tante von mir hat im Duisburger Hafen bei holländischen Schiffern einige Sammeltassen gegen Rohkaffee getauscht. Später entwickelte sich ein reger > Schwarzhandel. Meine Aufgabe war es, den Kaffee in einer Trommel über der Gasflamme durch dauerndes Drehen zu rösten. Der Röstvorgang musste genau beobachtet werden, da spielten Sekunden eine Rolle. Die Bohnen durften nicht zu dunkel werden. Der Kaffeegeruch war im ganzen Häuserblock wahrnehmbar. Das blieb auch der Kripo nicht verborgen. Bei einer Razzia musste ich vor der Tür die „Kunden“ abfangen. Eine Anzeige hat es aber nie gegeben, da die Polizisten mit kleinen Geschenken bedacht wurden.

Als es mit den > Ziegelsteinen zu Ende ging, habe ich mich dann auf Eisenschrottsammeln umgestellt. Das Kruppsche Gelände war sehr ergiebig an Granatsplittern. Doch eines Tages wurde ich von der Polizei erwischt und wurde zu zwei Wochenenden Jugendfreizeitarrest verurteilt. Mein Einwand, die Granatsplitter sind doch von englischen Bombern und gehören somit nicht Krupp, wurde aber nicht berücksichtigt. Einmal durfte ich mir von dem Geld ein Paar Schuhe und einen Ball kaufen. Schuhe mit Kreppsohle waren der große Hit. Voller Stolz bin ich die Röntgenstraße auf und ab marschiert. Aber es war keiner da, der mich sehen konnte, da die Röntgenstraße nur aus Trümmern bestand.

Alfred Hollerbach

1940er Jahre

Saftig und kratzig

Von Mitschülern und Freunden wurden die Fleischwaren von Franken gelobt. Beim Verspeisen der Pausenbrote in der Schule scharten sich die Mitschüler, vom guten Duft der selbstgemachten Leberwurst angezogen, um mich, um etwas von dem leckeren Leberwurstbrot abzubekommen. Zunächst ließ ich den einen oder anderen einmal beißen, dann aber begann zeitweise ein Tauschhandel: Leberwurstbrot gegen Apfelsine. Südfrüchte gab es nämlich bei Frankens nicht. Die Kleidung für die sieben Kinder war nicht besonders üppig oder modern. Die Jüngeren trugen selbstverständlich die Kleidung, aus der die Älteren herausgewachsen waren. Regelmäßig kamen Schneiderinnen ins Haus: Fräulein Dörnemann oder Frau Menzen. Aus getragenen Kleidern wurden andere Kleidungsstücke genäht: aus einem Mantel ein Kommunionanzug einschließlich Mütze, aus ehemaliger Fallschirmseide Kleider für die Damen. Frau Wacker war die treue Seele im Hause Franken. Einmal in der Woche kam sie aus Mülheim-Heißen und half Mutter Lisbeth: Kartoffeln schälen, Strümpfe stopfen oder stricken. Da es kein Garn zum Herstellen der dringend benötigten Unterwäsche für die Kinder gab, ribbelte man z. B. Zuckersäcke auf und Frau Wacker strickte daraus Leibchen. Doch das Ergebnis war für die Kinder quälend: die Glaswolle der ehemaligen Zuckersäcke kratzte und juckte auf der Haut der Kinder bis zur Unerträglichkeit.

Norbert Franken

1940er Jahre

Schul- und Religionstrennung

So viele Kinder wie in den vierziger und fünfziger Jahren wird es hier in der Altenessener Siedlung nie mehr geben. Allein in der Wolbeckstraße gab es ca. 100 Kinder und so war es auch verständlich, dass sich Gruppen bildeten. So z. B. die untere und die obere Wolbeckstraße.

Mutter mit Kinderwagen, Ende der 1950er Jahre, Foto: privat

Bude von Emmy Olschewski auf der Schweriner Straße, 1970er Jahre, Foto: Helmut Orwat

Beide Hälften feierten ihr eigenes Kinderschützenfest. Doch durch Religion und Schule vermischten sich auch beide Hälften. Für die Kinder des katholischen Glaubens war die Kirchschule, später Mallinckrodtschule, zuständig und für die evangelischen Kinder die Neuessener Schule; die Kirchen unseres Bezirks waren die katholische Johanniskirche und die evangelische Kirche am Karlsplatz. Es bildeten sich Freundschaften von einer Straße zur anderen, und trotz Schul- und Religionstrennung klappte es hervorragend mit der Jugend.

Sammlung Böcker

1940er Jahre

Steineklopfen

Ich habe dann angefangen, Ziegelsteine zu sammeln. Der alte Putz musste mit einem Beil entfernt werden. Am Wochenende wurden die Steine von einem Bauern abgeholt und gegen Gemüse und Kartoffeln eingetauscht. Für jeden Stein wurden 0,30 DM berechnet. Ich musste immer samstags 1.000 Steine zusammen haben, sonst lohnte sich für den Abnehmer die Anfahrt nicht. Um mein Soll zu erfüllen, habe ich des Öfteren in der Schule gefehlt. Einmal habe ich von dem Geld für die Steine auf dem Webermarkt sechs Küken, zwei Enten und einen kleinen Hahn gekauft. Als Ersatz für einen Teich habe ich im Hof eine alte Badewanne für die Enten eingegraben und mit Wasser gefüllt. Für die Kaninchen habe ich eine Unterkunft in der Waschküche gezimmert. Aus dem Kaninchen sollte mal ein Weihnachtsbraten werden. Die Hühner hatten eine etwas längere Lebenserwartung, bis sie keine Eier mehr legten, dann ereilte sie das gleiche Schicksal. Abends mussten die Enten und die Eierproduzenten in die Waschküche, sonst wären sie über Nacht geklaut worden. Trotz Steineklopfens reichte es hinten und vorne nicht und gegen Ende des Monats wurde beim Lebensmittelhändler angeschrieben.

Alfred Hollerbach

Ausflug zur Bundesgartenschau im Essener Grugapark 1965, Foto: privat

1960er Jahre

Caro-Kaffee

Öffnete man den unteren Teil des Küchenschrankes bei meiner Großmutter, so entströmte ihm ein unverwechselbarer Geruch, den ich jetzt noch in meiner Nase spüre, eine Melange aus all den Stoffen, die mehr oder weniger Duft abgaben. Zentrale Note war eine Dose > Caro-Kaffee, also ein Kaffeeersatz aus Zichorien, den man zu der Zeit auch mal trank, als man noch in Hochachtung von dem Luxusgut Bohnenkaffee sprach, einem ähnlich edlen und wertvollen Nahrungsmittel wie die seiner Zeit zum geflügelten Wort avancierte „Gute Butter". Dieses Getränk kann und konnte mangels Koffein auch an uns Kinder ausgeschenkt werden und war ein fester Bestandteil des Nahrungsmittelportfolios meiner Großeltern. Ich mochte es nie.

Meine Großmutter, die wie andere Frauen ihrer Generation eine fantastische Köchin war, neigte dazu, Gemüse sehr lang und mit viel Wasser zu kochen, so dass die wertvollen und gesunden Inhaltsstoffe in der Regel direkt ins Waschbecken gekippt wurden und nur ein weitgehend inhaltsfreier Zellulosebrei den Weg auf den Teller fand.

Peter Kruck

Schützenbahn, Essen-Stadtmitte um 1949, Foto: Willy van Heekern, Fotosammlung Ruhr Museum

KRIEG

„Die Menschen erwarteten jeden Augenblick den Volltreffer."

Lebensbedrohlich war die Situation vor dem Krieg für all diejenigen, die nicht in das nationalsozialistische Volksgemeinschaftskonzept passten: für Juden, für Sinti und Roma, Kommunisten, Sozialdemokraten, für Homosexuelle, gläubige Christen und viele andere. Mit Beginn der Luftoffensive im März 1943 wurde die Lage jedoch für alle Menschen im Ruhrgebiet lebensgefährlich. Im Rheinland und in Westfalen kamen zwischen 1943 und 1945 rund 85.000 Menschen bei den Luftangriffen der britischen und US-amerikanischen Luftstreitkräfte ums Leben, zu denen auch – davon berichtet einer der Autoren – ausländische Zwangsarbeiter, Kriegsgefangene und KZ-Häftlinge zählten. Die Erinnerungen an die mit den Fliegerangriffen verbundenen Geräusche, an die Furcht, nicht rechtzeitig in Luftschutzkeller oder -bunker zu gelangen, an die schier bodenlose Angst während des Bombardements, an die Verzweiflung über den Verlust von Menschenleben und Eigentum sind den Zeitzeugen selbst mit über 70-jähriger Distanz überaus präsent. Bei keinem anderen Ereignis wird über Erinnerungen die Vergangenheit derart gegenwärtig wie dem des Krieges.

1930er Jahre

Kriegsausbruch

Am 1. September 1939 begann der Krieg. Da kein Mann im Hause war und Mutter als katholische Frau sich nicht für die Nazis begeisterte, war Politik bei uns kein Thema. Unser Radio funktionierte seit Jahren schon nicht mehr und da der Krieg morgens um 4:45 Uhr begonnen hatte, stand auch nichts in der Zeitung. Wir hatten es auf der Straße erfahren und unserer Mutter erzählt. Der fielen sofort die schrecklichen Jahre nach dem Ersten Weltkrieg ein. Die lagen ja nur 20 Jahre zurück. Aber zunächst hatten wir andere Sorgen, denn am nächsten Tag heiratete die jüngste Schwester meiner Mutter, Tante Maria, den Onkel Franz in Essen-Frohnhausen. Die Feier fand bei schönstem Wetter im Elternhaus und Garten von Onkel Franz statt. Einziges Thema war der Krieg. Einige Monate nach der Hochzeit wurde Onkel Franz Soldat. Er geriet in russische Gefangenschaft und kam erst 1947 wieder nach Hause.

Walter Coßmann

Familie, kurz nach der Einberufung des Vaters im Juni 1940 zum aktiven Wehrdienst, Foto: privat

1940er Jahre

Kriegsalltag

Mit drei Jahren, als am 1. September 1939 der Zweite Weltkrieg ausbrach, bekam ich meine ersten Schuhe (erzählte mir später meine Mutter), und zwar das letzte Mal ohne Bezugsschein. Der beginnende Bombenkrieg, die tägliche Kriegsberichterstattung und die Nazipropaganda, der ich auch zugetan war, waren für mich prägende Ereignisse.

Als die Schule wegen der ständigen Bombenangriffe geschlossen wurde, verblieb mir ein Erdkundeatlas, auf dem ich den Frontverlauf während des Krieges auf der Landkarte akribisch verfolgte. Unsere Eltern hatten mit dem Kriegsalltag zu kämpfen. Es wurde jedes Jahr ein Schwein gehalten und geschlachtet, da Fleisch nur auf Marken rationiert zu erhalten war. Ein großer Garten musste die Versorgung der

Familie sichern. Jährlich wurde die Jauchegrube des Schweinestalls und die Grube des Plumpsklos geleert und die Jauche mit Eimern in den Garten getragen. Wir Jungen wurden zur Gartenarbeit herangezogen, was uns natürlich nicht gefiel, uns aber später, als wir selbst eine Familie ernähren mussten, zugute kam. Unsere Eltern hatten es schwer, die Versorgung der Familie zu sichern. Meine Mutter erzählte mir später, dass, als ich als dritter Junge der Familie geboren wurde, sie sehr traurig war, denn sie befürchtete, „Jungen müssten immer in den Krieg ziehen". Sie selbst hatte ihren einzigen Bruder im Ersten Weltkrieg verloren. Mein Vater war als Soldat 1917 in englische Gefangenschaft geraten und hatte diesen verlustreichen Krieg überlebt.

Herbert Pemp

1940er Jahre

Fliegerverbände

„Achtung, Achtung! Fliegerverbände nähern sich dem Ruhrgebiet!" So oder ähnlich klangen die Nachrichten. Die Kinder machten daraus eine eigene Meldung, die da lautete:

„Achtung, Achtung, Ende, Ende,
über'm Kuhstall stehen Verbände,
über'm Schweinestall stehen die Jäger,
Achtung, Achtung, Schornsteinfeger!"

Kurz nach der Mitteilung, dass sich feindliche Fliegerverbände dem Ruhrgebiet näherten, hörte man auch schon die Sirenen. Verschiedene Zeichen, die jeder damals kannte, gaben an, wie weit der Feind entfernt war. Zunächst einmal kam die Fliegerwarnung: drei Mal Dauerton von je 12 Sekunden. Das war für uns das Zeichen, einige Sachen zu ergreifen, die schon vorbereitet waren, und zu dem in der Nähe liegenden Emma-Bunker zu gehen. Männer in SA-Uniform standen am Eingang und ließen uns ein. In der Regel waren es Frauen, Kinder und alte Männer, die den Bunker aufsuchten, die jüngeren Männer waren ja schließlich alle Soldaten im Krieg.

Jürgen Weber

1940er Jahre

Fliegeralarm

Mein Vater war schon zurück aus dem Krieg, er wurde krank und war nicht mehr kriegstauglich. Ich war acht oder neun Jahre, mein Bruder drei Jahre älter. Mitten in der Nacht Fliegeralarm, die Sirenen heulten. Wir rannten in den > Luftschutzkeller im Haus, ich mit Lieblingspuppe, mein Bruder mit Säbel. Zum nahen Bunker bei der Delck (Glasfabrik), das wollte Vater nicht. Er sagte: „Ich habe so viel Leid erlebt mit auseinandergerissenen Familien, entweder kommen wir alle zusammen um oder wir überleben!"

Der Angriff war sehr heftig, viele Detonationen, denn unseren Häusern gegenüber verlief eine wichtige Bahnstrecke. Auf den Waggons stand in großen Buchstaben „RÄDER ROLLEN FÜR DEN SIEG."

Nachdem es Entwarnung gab, liefen Vater und Mutter in stockdunkler Nacht (Verdunklung) zum Kaninchenstall im Hof. Vater hatte mindestens 50 oder mehr Tiere, ein paar davon sollten Junge werfen. Durch die heftigen Detonationen in der Nähe war der Deckel von der Fäkaliengrube abgedeckt und mein Vater fiel hinein. Er konnte herausgezogen werden und stank fürchterlich. Gegenüber gab es einen kleinen Bauernhof mit Pumpe. Vater stellte sich ins Becken, erst mit, dann ohne Bekleidung. Mutter pumpte, was das Zeug hielt!

Hermine Engberting

1940er Jahre

Die Nacht vom 26. zum 27. April 1943

Geschenke zur Kommunion, wie wir sie heute kennen, gab es nicht. Der Krieg und die damit verbundene Verknappung fast aller Güter ließen es nicht zu, großartige Geschenke zu machen. Darüber hinaus waren wir auch in unseren Erwartungen bescheidener. Das Beschenktwerden stand an diesem Tage für uns nicht im Vordergrund. Ein beliebtes Geschenk war eine Sammeltasse, gefüllt mit Bonbons, oder, wenn es was Besonderes sein sollte, war die Tasse mit Pralinen gefüllt. Das Ganze wurde mit einer bunten Stoffschleife garniert und machte einen prächtigen Eindruck. Was ein Junge mit neun Jahren mit einer Sammeltasse machen sollte, darüber haben sich die Erwachsenen, glaube ich, keine Gedanken gemacht. Mein Patenonkel hatte da schon eine bessere Idee, denn er schenkte mir einen Füllfederhalter. An der Kaffeetafel wurde über die Kriegslage gesprochen. Onkel Martin war mit seinem Lkw dienstverpflichtet. Er gehörte einer Truppe an, die bevorzugt im Luftschutz und in der Beseitigung von Schäden eingesetzt wurden. Onkel Martin prophezeite, die ›Tommies würden uns übermorgen die Buckel vollhauen. Wie recht er hatte, denn in der Nacht von Ostermontag auf Dienstag, es war die Nacht vom 26./27. April, war der Tommy da. Gegen 2:00 Uhr setzte der bisher schwerste Bombenangriff, den Oberhausen erlebt hatte, ein. Schlaftrunken war ich mit meinen Eltern und meiner Schwester mit ihrem Kind in den Keller gestolpert. Und dann brach das Inferno über uns herein.
In der staubgeschwängerten Luft des Kellers lag meine Schwester schützend über ihrem Kind, Tante Anni rief mit ihren Gebeten die Hl. Gottesmutter an und ich hatte mich in einen Stapel Kleider verkrochen, die in der Mitte des Kellers hingen.

Gerd Plasmeier

Durch Bombardierung zerstörte Häuser gehörten spätestens 1942 zum Alltag im Ruhrgebiet, Foto: privat

1940er Jahre

Kruppsche Konsumanstalt

In der Kruppschen Konsumanstalt – Büro und Verwaltung – begann ich in den ersten Kriegsjahren meine kaufmännische Ausbildung. Von den Bürohäusern mussten wir bei Fliegeralarm die Treppen runter zu den unterirdischen Luftschutzkellern. Dabei hatten wir auch die Anweisung, die Schreib- und Rechenmaschinen mit runterzunehmen. So schnappten wir uns dann jeder eine Maschine, trugen sie runter, damit auch diese in Sicherheit waren. Sie waren ja das wertvollste Arbeitsmaterial. Als wir dann aus der Evakuierung zurück waren, lag ganz Essen in Trümmern. Die Kruppsche Fabrik, die Konsumanstalt, alles war durch die Bombenangriffe zerstört.

Klara Felmede

1940er Jahre

Fehlalarm

Kurz vor 12:00 Uhr heulten die Sirenen. Unser erster Fliegeralarm. Mutter war gerade dabei, unser Mittagessen vorzubereiten, schob die Töpfe zur Seite, schnappte sich den bereits fertigen Pudding und rannte mit uns in den Keller. Da stand nun die gesamte Hausgemeinschaft, Mutter mit dem Pudding im Arm. Nach kurzer Zeit kam Entwarnung und alle gingen wieder in ihre Wohnung. Am Tag darauf erfuhren wir: Es war ein Fehlalarm. In den folgenden Tagen erschienen Experten und bauten aus unserem Keller einen Luftschutzkeller fürs ganze Haus. Ein Durchbruch zum Nachbarhaus musste her, Stützbalken kamen unter die Decke, Sitzgelegenheiten wurden geschaffen und zwei Etagenbetten aufgestellt. In den nächsten Jahren haben wir viele Stunden gemeinsam da unten verbracht. Hauptsächlich nachts. Er wurde viel erzählt, und wenn die Flak schoss – am Terrassenfriedhof stand eine Batterie mit > 8,8 Geschützen, die hörte man bis in den Keller –, dann wurde oft gebetet. Auf der anderen Seite unserer Straße stand auf einem Flachdach ein Scheinwerfer. Wenn die abends übten, konnten wir vom Kinderzimmer zusehen und -hören. Mich faszinierte immer, wenn der Scheinwerfer ausgeschaltet wurde, wie sich der Lichtstrahl von unten her aufrollte. An der Helmholtzstraße standen mehrere > Vierlingsgeschütze. Die kamen nur zum Einsatz, wenn die Flugzeuge tief flogen. An der alten Dörferstraße, gleich hinter der Brücke über die Eisenbahn, war ein > Sperrballon stationiert. Das waren, ähnlich wie Zeppeline, aufgeblasene Ballons an einem Halteseil. Gegen dieses Seil sollten die feindlichen Flugzeuge fliegen und abstürzen.

Walter Coßmann

1940er Jahre

KLV-Lager

Ende 1940 häuften sich die Luftangriffe. Da wurde die Kinderlandverschickung, kurz KLV, erfunden. Ende März

Junge mit HJ-Turnhemd, Foto: privat

fuhren wir ins KLV-Lager nach Kremsier in Mähren, heute Tschechien. Kremsier, eine Stadt auf halbem Weg zwischen Olmütz und Bratislava, war die Sommerresidenz der Bischöfe von Olmütz und hatte daher ein wunderschönes Schloss und eine herrliche Gartenanlage. Wir waren 160 Jungen, untergebracht in einem gerade fertiggestellten Internat für katholische Schüler. Während wir schon eingezogen waren, wurde die ausgemalte Kapelle weiß getüncht und zur Aula umfunktioniert. 50 Jungen schliefen in Etagenbetten in einem Saal. Die Verpflegung war gut und ausreichend. Das Haus war groß genug, um auch den Schulbetrieb im Hause abzuhalten. Morgens Unterricht, Mittagessen, Hausaufgaben und dann > HJ-Dienst oder Freizeit, aber man durfte das Gelände nicht verlassen.

Der Frühling war vorüber, der Sommer ging zu Ende. Wir wollten doch mal nach Hause, obwohl die Angst vor dem Ungewissen groß war. Die letzten Brief von meiner Mutter nach Kremsier ins KLV-Lager hatte ich zu Weihnachten bekommen. Was war inzwischen alles passiert? Züge fuhren immer noch nicht. Ein Holzhändler musste öfter nach auswärts und nahm schon mal Leute mit. Den sprachen wir Jungs an. Er war bereit, uns gelegentlich bis Straubing mitzunehmen. Als der Termin kam, es muss so Ende August 1945 gewesen sein, verabschiedeten wir sechs Jungen uns, kletterten auf die Baumstämme und fuhren der ungewissen Zukunft entgegen. Bei gutem Wetter entlang der Donau war es eine schöne Reise. In Straubing wurde am Bahnhof das Holz entladen, und wir konnten uns nach einer Fahrgelegenheit umsehen. Die war bald gefunden. Am gleichen Tag ging noch ein leerer Kohlenzug ins Ruhrgebiet. Wir ließen uns in einem offenen Waggon nieder und hofften, dass es keinen Regen geben würde. Bald dampfte der Zug los und nach zwei Nächten waren wir nachmittags in Gelsenkirchen. Als der Zug auf einem Güterbahnhof hielt, kletterten wir aus unserem Kohlenwagen und gingen den Schienen entlang gen Westen. Keiner wusste, wo wir waren, aber irgendwann kam ein Bahnhof mit Leuten, die uns anstarrten, als wären wir Exoten. Einen Fahrplan gab es auch und es stand zu lesen: um X fährt ein Zug zum Hauptbahnhof Essen. Wir staunten. Als der Zug kam, stiegen wir ein und schon kam der Kontrolleur und wollte die Fahrkarte sehen. Als wir ihm erzählten, wir kommen von Passau mit dem Zug, aber ohne Fahrkarte, brach für ihn eine Welt zusammen. So gegen 20:30 Uhr erreichten wir Essen Hauptbahnhof. Ab 21:00 Uhr war Sperrstunde. Da durfte keiner mehr auf die Straße. Deshalb traute ich mich nicht nach Hause, weil mir ja nicht klar war, ob jemand zu Hause ist. Und wenn nicht, wo sollte ich hin? Am Bahnhof war ein Schild mit der Aufschrift: zum Wehrmachtsübernachtungsheim. Vier von uns machten sich auf den Weg nach Hause, zu zweit gingen wir ins Wehrmachtsheim. Das befand sich in der Teichstraße, im heutigen Astra Kino. Dort wollte man unsere Papiere sehen. Wir hatten keine. Nach langem hin und her durften wir bleiben, bekamen zu essen und zu trinken, vier Zigaretten und am Hydranten im Hof einen halben Eimer Wasser, um uns zu waschen. Geschlafen wurde auf dem Fußboden. Am nächsten Morgen fuhren wir mit dem Zug bis Bahnhof Essen-West, da trennten sich unsere Wege.

Walter Coßmann

1940er Jahre

Ingrid

Immer wenn ich in der Siedlung bin und die Bunker sehe, kommen mir die Erinnerungen an den Alarm, wenn ich mit meiner Mutter und meiner kleinen Schwester (sie war noch ein Säugling) dort Schutz suchen musste. Bei einem dieser hektischen Rennen hat meine Mutter meine Schwester verloren.

Unsere Ingrid war zwischen Kissen und Decken gut verpackt. Meine Mutter fiel hin und im Aufstehen raffte sie aufgeregt Decken und Kissen zusammen, merkte aber nicht, dass Ingrid fehlte. Erst im Bunker kam das Entsetzen. Wo ist das Baby? Meine Mutter wieder raus aus dem Bunker. Zum Glück fand sie Ingrid unversehrt zwischen den Steintrümmern auf dem Weg zum Bunker.

Sammlung Böcker

1940er Jahre

Oma

Normalerweise gingen wir inzwischen sofort bei Beginn der schrillen Töne der Sirenen in den Keller, aber an diesem Tag mussten wir in der fremden Wohnung bleiben. Oma setzte sich in eine Ecke des Raumes auf den Boden, nahm mich auf den Schoß und beugte sich schützend über mich. Alle Leute waren in den Bunkern und Luftschutzkellern, die Straßen waren wie leergefegt. Wir kamen uns vor, als wären wir zwei die einzigen Menschen auf der Welt. Dann hörten wir die grollende Flugzeugstaffel auf uns zukommen. Wir saßen hilflos wie Kaninchen in der Falle. Das Inferno brach los. Ich hörte Oma laut beten und fragte sie, ob sie Angst hätte. Sie musste die Nerven behalten, um mich zu beruhigen. Draußen brauste und krachte es. Die Wände zitterten und bebten, als würden sie jeden Moment einstürzen. Wir waren halb betäubt von dem bedrohlichen Lärm, vom Zischen und Heulen der Bomben und von unserer Angst. Die Fenster gewährten uns nie gekannte Einblicke. Wir sahen die so genannten Christbäume, so wurden die Gebilde, die die schlimmen Phosphorbomben hinterließen, im Volksmund genannt. Es nahm überhaupt kein Ende. Als der Angriff endlich vorüber war, mussten wir noch warten, bis wir einigermaßen gefahrlos auf die Straße konnten. Es roch nach Staub und Rauch, so ein seltsames Flirren lag in der Luft. Völlig aufgelöste Menschen liefen umher. Einige Häuser waren getroffen worden, Schutt und Trümmer lagen herum, eine Straße weiter brannte es. Oma hielt meine Hand so fest, dass sie schon weh tat.

Gerda Pedack

1940er Jahre

Blutverschmierte Betonwände

An der Schultenstraße, im Bereich der Überführung über die Abwasserbecke, war ein kleiner Bunker, der im Böschungsbereich angelegt worden war, von Bomben getroffen worden. Es soll 20 Tote gegeben haben. Die blutverschmierten Betonwände sind mir bis heute in Erinnerung geblieben. Meine Mutter führte mich weg.

Die zerstörte Straße, zerstörte Häuser, tote Menschen, tote Tiere, alles sah ich ohne Empfindung. Vor unserem zerstörten Haus brach meine Mutter weinend zusammen. Wir hatten nichts mehr, aber wir lebten. Unsere fünfköpfige Familie hatte das Inferno überlebt. Der zweite Bombenangriff am 24. März 1945 bescherte uns ein weiteres Unglück. Vor unserem bereits zerstörten Haus schlug eine Bombe ein und bedeckte den Trümmerhaufen mit einer ein bis zwei Meter dicken Dreckschicht. Dadurch war die Suche nach Brauchbarem aus unserem zerstörten Haus erheblich erschwert. Wir schliefen einige Nächte im Garten, bis wir in Notunterkünften unterkamen. Wir hatten warme Frühlingstage.

Herbert Pemp

Kind vor Fensterverdunkelung, 1943,
Foto: privat

1940er Jahre

Flucht

Von Omis ehemaligen Leben und ihrem Besitz war nichts mehr übrig geblieben. Ihr ältester Sohn Erwin wurde auf der Flucht von ihr getrennt. Sie wusste nicht, ob sie ihre gesamte Familie jemals wieder bei sich haben würde und wie es weitergehen sollte. Dieses Schicksal teilten unzählige Menschen mit ihr, jeder Einzelfall hatte seine eigene Tragik.

Auch Omi packte alles Lebensnotwendige, alle dicken Mäntel und Decken auf einen Pferdewagen und schloss sich mit ihren Kindern dem Treck von Ostpreußen zum Westen an. Papa war erst zwei Jahre alt. Das Thermometer zeigte 20 bis 30 Grad unter Null. Es waren viele Fuhrwerke dabei, doch die meisten Menschen mussten laufen, und zwar durch Schnee und Eis. Die Lebensmittel, die sie mitnehmen konnten, reichten nicht lange. Es gibt Dokumentationen darüber, dass das Eis trotz der Kälte nicht hielt, Gott sei Dank nur an manchen Stellen. Es brach ein und Pferde und Wagen verschwanden darin. Damit nicht genug, der Treck wurde auch noch von Tieffliegern beschossen. Alte Leute und kleine Kinder – sogar Babys, die auf der Flucht geboren wurden – waren mit dabei. Auf dem langen beschwerlichen Weg hat der Tod öfter mal zugeschlagen. Dass Angehörige ihre Lieben, die es nicht überlebten, einfach am Wegesrand liegen lassen und weiterziehen mussten, übersteigt alle Vorstellungskraft.

Gerda Pedack

1940er Jahre

Bedrohung

Den Menschen in den Städten ging es nicht viel besser. Es herrschte Hunger; Holz und Kohle gab es nicht zum Heizen. Die Mütter wussten nicht, wie sie ihre Kinder satt kriegen, geschweige denn, wie sie sie beschützen sollten. In vielen Familien fehlten die Männer, die Väter, die Söhne und die Brüder. Sie wurden schmerzlich vermisst, zumal man sich permanent Sorgen um ihr Leben machen musste. Das ganze Leid und Elend wurde noch begleitet durch die furchtbaren Bombenangriffe. Es gab zwar öffentliche Bunker für die Menschen, doch echte Sicherheit gab es nicht mehr. Man hatte nur ein paar Minuten, manchmal noch weniger, um sich einen Unterschlupf zu suchen.

Bei uns gab es unten im Haus einen Luftschutzkeller für die Hausbewohner. Auch hier fühlte man sich nicht geborgen. Ich habe vieles aus dieser Zeit vergessen oder verdrängt. Doch einige Details sind mir von den Aufenthalten in diesem Keller noch im Kopf geblieben. Vor allem habe ich die furchteinflößenden Geräusche, die die Luftangriffe verursachten, noch im Ohr, obwohl ich damals noch so klein war. Das Kreischen, Pfeifen und Donnern, die dumpfen Bombeneinschläge, bei denen die dicken Mauern erbebten, vermischten sich mit dem Schreien der Kinder und dem leisen Weinen und Beten der Erwachsenen.

Gerda Pedack

1940er Jahre

Gladbeck in Schutt und Asche

Die Flächenbombardierungen nahmen zu. Gladbeck war bisher verschont geblieben. Dann kamen der 23. und 24. März 1945. Es begann ein schöner Frühlingstag. Uns wurde von Nachbarn zugetragen (die möglicherweise einen englischen Sender abgehört hatten), dass heute Gladbeck bombardiert werden sollte. Wir, meine Mutter und ich, machten uns auf den Weg zum Möllerstollen. Wir waren spät dran. Wir liefen die Tauschlagstraße hinunter zur Straße Scholtwiese und Schultenstraße, in den Schwarzen Weg, parallel zur Abwasserbecke. Von Ferne hörten wir ein Brummen. Es waren die herannahenden Bomberverbände. Ich, acht Jahre alt, war meiner Mutter immer 20 Schritte voraus. Im Wald, an der Berginspektion (Straße Bernskamp), sahen wir die ersten Angriffszeichen, die so genannten Christbäume. In dem noch nicht grünen Wald gingen deutsche Soldaten in Deckung. Immer wieder musste ich auf meine Mutter warten, die mir so schnell nicht folgen konnte.

Das Brummen herannahender Bomber wurde lauter. Wir überquerten die Rentforter Straße und gelangten zum Eingang des „Möllerstollens“. Vor dem Eingang blickte ich die schräge Bergehalde hoch in den blauen Frühlingshimmel mit den herannahenden Bomberstaffeln. Es waren 15 bis 20 viermotorige Flugzeuge sichtbar. Dieses Bild ist mir bis heute in Erinnerung geblieben. Kurze Zeit später, wir waren als letzte in dem Stollen untergekommen (die Tür wurde hinter uns verschlossen), ging die Bombardierung los. Der Stollen bebte, der Vorbau (Abstützung mit Holzstempeln) knisterte, Frauen und Kinder schrieen, Gebete wurden gesprochen, Steine fielen herab, der Boden vibrierte, als wenn er aufbrechen wollte. Ältere Männer, die Aufsicht führten, versuchten zu beruhigen. Nach einer halben bis dreiviertel Stunde war der Angriff vorbei. Als wir den Stollen verließen, war um uns herum nur Chaos und Verwüstung.

Herbert Pemp

1940er Jahre

Zerstörung

Meine Cousine Hannelore konnte nach ihrer Ausbildung zur Erzieherin ihre Zeugnisse deshalb nicht entgegen nehmen, weil durch die Zerstörung der Schulen und Ämter alle Nachweise den Verwüstungen durch Bombenangriffe zum Opfer gefallen waren. Eine Geschichte von vielen, die aber die Zukunft von Hannelore nicht unwesentlich beeinflussen sollte. Denn ohne diese Nachweise war sie nicht befugt, ihren erlernten Beruf auszuüben. Zwischen dem Vor- und dem Vollalarm lagen oft nur wenige Minuten, nicht immer ausreichend für meine Eltern, das Notwendigste zu greifen, die 70 Stufen mit mir herunter zu eilen und den rettenden Bunker zu erreichen, der etwa 300 Meter von unserem Hause entfernt war. Das kleine Köfferchen, in dem meine Mutter ihr Silberbesteck und einige Schmuckstücke deponiert hatte, musste natürlich unbedingt mitgenommen werden. „Wenn wir einmal ausgebombt werden sollten, dann können wir diese Kostbarkeiten vielleicht gegen Lebensmittel eintauschen, damit wir nicht verhungern", erklärte sie mir. Durch ihre Hungererfahrungen aus dem Ersten Weltkrieg wusste sie offenbar, wovon sie redete.

Horst Theodor Onland

Ein durch Bomben zerstörtes Haus in Bochum, 1940er Jahre, Foto: privat

1940er Jahre

Werte

Ich entsinne mich noch genau an einen dieser immer häufiger werdenden Luftangriffe. Meine Mutter und ich eilten mit dem Köfferchen voller Silberbesteck zum Bunker. Auf dem Weg dorthin mussten wir über einen kleinen Marktplatz hasten. Plötzlich öffnete sich die Schließung des kleinen Köfferchens, und sämtliche Einzelteile des Bestecks suchten verstreut auf dem Boden sozusagen Deckung. Die Jagdbomber – JABOS – der alliierten Truppen kreisten schon. Die Maschinengewehre der Tiefflieger knatterten über uns. Was sollten wir tun? Meine Mutter und ich taten es dem Silberbesteck gleich und legten uns auf den Boden des Markplatzes. Auf einmal wurde es still um uns. Meine Mutter robbte über den Boden und sammelte ängstlich die einzelnen Besteckteile nach und nach ein und verstaute sie wieder im Köfferchen. Ich tat es meiner Mutter nach. Ein Rundblick, ob nichts von dem wertvollen Gut liegen geblieben war, war gleichzeitig das Signal zum Aufbruch in Richtung Bunker, den wir – beschmiert mit Lehm und Asche – erschöpft, aber glücklich erreichten.

Horst Theodor Onland

1940er Jahre

Lautsphären

Für die Jugendlichen von heute ist Musik ein wichtiges Element, um sich zu entfalten und zu sich selbst zu finden. Uns jedoch bedröhnte man mit Marschmusik und Naziliedern, die wie schleichendes Gift in unsere Gehirne drangen. Allmählich aber überdeckte ein anderer vielschichtiger Sound alle Durchhalteparolen – das Dröhnen der feindlichen Flugzeuge, das Rattern der Flakgeschütze, das Krachen der Bomben, das Prasseln der Flammen in den brennenden Häusern. Immer häufiger schreckte uns das Sirenengeheul aus dem Schlaf, immer häufiger gab es Fliegeralarm. Da zählte der Mut nicht mehr viel, da verlor so mancher den Glauben an die deutsche Überlegenheit, da verkrochen die Menschen sich in den Bunkern. Nur notdürftig bekleidet, die notwendigsten Dinge in einer Tasche, rannten wir in den Luftschutzkeller, der sich in unserem Haus befand. Kalt ist es da unten und ziemlich duster. Die nackte Birne unter der Decke erhellt kaum die Mitte des Raumes, lässt die Konturen der Menschen verschwimmen, lässt lange Schatten entstehen, die sich wie grotesk tanzende Geister auf den Wänden niederschlagen. Da kauern sie zusammengedrängt auf den unbequemen Holzbänken und lauschen auf die Geräusche, die von außen durch die dicken Wände dringen. Fallen schon irgendwo Bomben? Sind die Einschläge weit weg oder ganz in der Nähe? Hier unten lernt mancher wieder beten!
Tante Martha jedoch hatte ein so unerschütterliches Gottvertrauen, dass sie gar nicht erst in den Keller ging. „Mir passiert bestimmt nichts, dafür wird die Heilige Jungfrau schon sorgen." Hatte sie ihr nicht gestern noch eine Kerze geweiht?

Brigitte Wiers

1940er Jahre

Flakhelfer

1944, kurz vor Kriegsende, kam ein Pritschenwagen in unsere Kolpingstraße, und die Nazis schnappten sich einfach den Werner und den Heinz. Mitten von der Straße! Die beiden Jungs wurden als > Flakhelfer verpflichtet. Zum Glück haben beide den Krieg überstanden.

Sammlung Böcker

1940er Jahre

Bombenentschärfung

Es explodierten nicht alle abgeworfenen Bomben. Durch ihren Aufschlag entstanden oft Einschläge im Erdreich, ohne dass sie explodierten. Die Gefahr war noch nicht gebannt, die Bomben mussten entschärft werden. Diese lebensgefährliche Aufgabe fiel den > Fremdarbeitern und Kriegsgefangenen zu. Für die Entschärfung einer Bombe wurde ihnen die Entlassung in die Heimat versprochen. Auf dem Hof von Bauer Kellermann lag noch ein Blindgänger, so wurden die noch scharfen Bomben genannt. Jetzt sollte dieser entschärft werden. Wir Kinder sahen zwei Fremdarbeiter mit Schaufeln ans Werk gehen, wurden aber von den Erwachsenen weggeschickt. Kurz danach war eine laute Explosion zu hören. Sofort liefen wir Kinder zum Ort des Geschehens zurück. Leichenteile der verzweifelt mutigen Kriegsgefangenen lagen verstreut auf der Wiese und hingen in den Bäumen. Die sterblichen Überreste der vom Krieg Geschundenen wurden eingesammelt, in Papiersäcken verpackt, und, so ist zu hoffen, in ihre Heimat geschickt.

Norbert Franken

1940er Jahre

Akuter Alarm

Nach dem Vollalarm, der einen Anflug der feindlichen Bomber signalisierte, folgte kurz danach das Sirenensignal „Akuter Alarm“. Und das hieß: Feindbomber im direkten Anflug. Im Bunker waren wir in Sicherheit, doch wir wollten wissen, was draußen los war. Der Ausgang war bewacht, die schwere Tür nur angelehnt. Aber es gab auf dem Bunkerdach einen Beobachtungsturm mit einer ebenso schweren Tür, die das Bunkerinnere mit dem Dach verband. Der Beobachter war ein gutmütiger alter Rentner, den man schon mal beschwatzen konnte – „Nur ein paar Minuten rausgucken!“ So auch diesmal. Auf dem Dach standen ein paar ältere Männer, die ihre Pfeifen rauchten und Langenbochum von oben betrachteten. Wir hörten plötzlich das unheimlich klingende Brummen herannahender Bomberverbände. Dann sahen wir sie, wie sie von der Frühlingssonne angestrahlt schaurig-schön glitzerten.
Sie kamen aus westlicher Richtung (Westerholt) und flogen direkt und ungehindert auf uns zu. Dann passierte es. Das herannahende Flugzeug, der so

genannte Pfadfinder, scherte aus und warf ein grell leuchtendes und rauchendes Signal, das Angriffszeichen, auch „Christbaum“ genannt. Wir wussten, was das bedeutete, und stürzten in Panik nach unten. Dann ging es los. Wie eine herannahende, tosende Welle spürten wir in dem Betonboden zahlreiche, immer heftiger werdende Schläge. Es waren Bomben. Das Licht flackerte und verlöschte dann, Panik brach aus. Die Menschen weinten und beteten, erwarteten jeden Augenblick den Volltreffer, der auch unseren Bunker zerstörte. Man hatte nämlich durch die Nazi-Propaganda erfahren, dass die „rücksichtslosen, anglo-amerikanischen Terrorverbände“ nun auch Luftminen und speziell entwickelte Lufttorpedos gegen Bunker einsetzten – was tatsächlich auch stimmte. Als Angehöriger eines Volkes, das die schlimmsten nur vorstellbaren Kriegsverbrechen begangen hat, fällt es nicht leicht, selbst derartige Verbrechen anzuklagen. Aber die zerstörerische Wut und das vor allem gegen die Zivilbevölkerung gerichtete Toben der Alliierten in den letzten Kriegstagen darf ebenso wenig vergessen werden.

Paul Kruck

Onyx-Jivetett, Essen 1950, Foto: Willy van Heekern, Fotosammlung Ruhr Museum

FRIEDEN

„Unsere Idole waren Glenn Miller, Benny Goodman, Duke Ellington oder Louis ‚Satchmo' Armstrong."

Vor allem die jüngeren Menschen legten die während der NS-Zeit einstudierten, zwanghaften Verhaltensmuster ab und widmeten sich neugierig neuen Möglichkeiten: der zuvor als „entartet" geltenden Literatur und Kunst sowie der aus Großbritannien und Amerika herüberswingenden Musik. Die Währungsreform 1948 setzte den von Hunger und Entbehrungen geprägten unmittelbaren Nachkriegsjahren ein Ende und ermöglichte Anschaffungen, die heute in den Augen vieler wohl eher mit Unverständnis wahrgenommen werden, wie z. B. einen Eimer. Später, als die Enkelgeneration nach der Verstrickung in Unrecht und Untat während der NS-Zeit nachzufragen begann, wurde vermutlich vielerorts eine – bis heute durchaus noch anzutreffende – Devise formuliert: „Sauf dich voll und friss dich dick und halt dein Maul von Politik".

1940er Jahre

Konfirmation

Einmal traf ich die Gruppenleiterin vom > BDM, kurz nach dem > Zusammenbruch. Ich wusste nicht, was ich nun tun musste, also stand ich stramm, hob meinen Arm und grüßte mit: „Heil Hitler!" Sie blickte mich entsetzt an, drehte sich um und lief davon. Kurz vor Weihnachten 1946 hatten wir nachts solchen Hunger, dass wir nicht einschlafen konnten. Mama gab uns einen braunen Riegel ca. 3 × 2,12 cm lang, die sie in einem Geschäft in Oberhausen bekommen hatte. Dabei weinte sie, die Riegel wollte sie uns eigentlich am Heiligen Abend geben. Sie hatte nun nichts mehr.

Drei Jahre lang hatte ich keine größeren Schuhe und Holzschuhe (Klotschen) bekommen. Meine Zehen verkrüppelten. Im Winter, sie waren damals strenger, bekam ich Frost in einem Zeh. Onkel Willi, Mutters Bruder, besorgte auf dem Schwarzen Markt Material und machte mir Schuhe, wunderschöne Schuhe. Opa und er konnten schustern. Zur Konfirmation bekamen wir alle vom Pastor Schuhe. Heute würde kein Kind solche einfachen, billig hergestellten Schuhe anziehen. Für uns waren sie: ein Geschenk des Himmels.

Zu meiner Einschulung hatte ich ein Sparbuch von der Sparkasse bekommen. In der Schule bekamen wir für einen Groschen eine Marke, wie eine Briefmarke. 30 Marken passten in ein Heftchen. Wenn es voll war, brachte man es zur Sparkasse. Ende des Krieges hatte ich über 600 Mark auf meinem Konto. Das war ein Vermögen. Vor dem Krieg hätte ich dafür eine Wohnküche und ein Schlafzimmer bekommen. Meine Mutter hatte kein Geld mehr. Sie bekam für mein Geld auf dem Schwarzen Markt einen Beutel Mehl, knapp 2 kg. Den brachte ich zum Bäcker. Er backte Brötchen für meine Konfirmationsfeier. Teure Brötchen!

Gisela Hoffart

1940er Jahre

Befreiung der Konzentrationslager

Die amerikanischen Besatzer trommelten uns, 15-jährige Mädchen aus dem KLV-Lager in Bayern im Saal einer Dorfkneipe zusammen. Jemand hielt eine kurze Rede, von der ich kein Wort verstand. Dann führte man uns einen Film vor – einen > Film über die Befreiung eines Konzentrationslagers. Wir sahen Bilder – sahen Zäune, Stacheldraht, Baracken, Latrinen, Gaskammern, Schornsteine, Räume voller Haare, grau, stumpf, verfilzt; Räume voller Schuhe, Kämme, Prothesen, jedes Paar Schuhe ein Mensch, jede Brille ein Gesicht. Wir sahen Bilder von Häftlingen, ausgemergelte, nackte Gestalten, die den Befreiern entgegen taumelten, Männer, Frauen, selbst Kinder darunter – in unserem Alter – mit riesigen Augen in eingefallenen Gesichtern. Wir sahen Bilder von Leichen, Berge von Leichen in Gräben einfach übereinandergeschichtet,

Bibliothek in den 1950er Jahren, Foto: Willy van Heekern, Fotosammlung Ruhr Museum

Leichen, die man noch nicht verbrannt hatte. Ein Arm, der herausragte. Eine Hand, die zum Himmel zeigte. Dieses Grauen! Unfassbar! Ich konnte nicht mehr hinschauen. Tränen liefen mir übers Gesicht. Meine Seele schrie, schrie wie die Münder der Opfer, die am Gas erstickt waren, schrie vor Entsetzen, vor Scham, vor Mitgefühl. Was hatte man diesen Menschen angetan? Warum? Nur weil sie Juden waren? Da hatte man uns zum Schutz vor Bombenangriffen in ein bayerisches Lager evakuiert, während zur gleichen Zeit jüdische Kinder mit ihren Familien in Viehwagens nach Birkenau transportiert wurden. Nach Theresienstadt! Nach Bergen-Belsen! Nach Buchenwald! In den Tod! Ins Verderben! Als der Film zu Ende war, stolperte ich die Treppe hinunter und stürzte schweißgebadet aus dem Haus.

Brigitte Wiers

1940er Jahre

Opa

Mein Opa war es auch, der mich sofort nach Ende des Zweiten Weltkrieges in die Bücherei der Stadt Hamborn mitnahm und mir den Spaß am Lesen vermittelte. Es gab nach dem Krieg keine große Literaturauswahl, aber Huckleberry Finn habe ich sicher drei Mal gelesen! Und Reisebeschreibungen. Die hatten es mir besonders angetan, speziell die von Sven Hedin: „An der Schwelle Innerasiens", „Durch Asiens Wüsten", „Eroberungszüge in Tibet" usw. Opa las lieber von Leo Tolstoi: „Die gesammelten Novellen" oder „Die Auferstehung".

Siegfried Bakiera

1940er Jahre

Schätze

Nach dem Krieg lag mitunter noch nicht gezündete Munition auf der Straße. Die Kinder in jenen Jahren waren regelrechte Meister darin, diese Munition aufzumachen, das Pulver rauszuholen und es dann anzuzünden. Ein weiteres beliebtes Hobby war das Sammeln von Bombensplittern. Durch die Hitze der Detonation hatte sich das Metall der Bomben verfärbt, teilweise schimmerten die Splitter in den schönsten Regenbogenfarben. Meine Mutter hatte eine Zigarrenkiste, in der sie diese Andenken aufbewahrte. Und natürlich tauschten die Kinder untereinander auch. Auch dies war nicht ganz ungefährlich, waren diese Splitter doch messerscharf. Einmal kam meine Mutter an eine Orange. Nach dem Krieg konnte man die amerikanischen Soldaten sehen, wie sie mit ihrem Jeep Streife fuhren. Und das war schon etwas Besonderes, denn einige dieser GIs waren schwarz, und so was kannte man damals eben nicht. Und ein solcher ließ eine Orange aus seinem Jeep fallen, als er an meiner Mutter vorbeifuhr. Sie brachte ihre Beute sofort nach Hause, wo sie brüderlich zwischen den Familienmitgliedern aufgeteilt wurde.

Elfriede Keßler

1940er Jahre

Zu Besuch in der Vergangenheit

„Hier war das, wo die Nazis die Polen aufgehängt haben!" stellte mein Freund betroffen fest, und ich bestätigte dies. Es muss im Spätsommer 1942 gewesen sein. Wir hatten bei Polsumer Bauern auf dem Feld gearbeitet, um uns ein wenig Taschengeld zu verdienen. Als wir auf unserem Heimweg in der Abenddämmerung das Wäldchen erreichten, fielen uns mehrere schweigende Personen auf. Dann stand plötzlich ein uniformierter Mann vor uns, der uns mit der Taschenlampe anleuchtete und uns barsch fragte, was wir hier zu suchen hätten.

Erst später erfuhren wir, was passiert war: man hatte dort drei oder vier polnische Zwangsarbeiter erhängt. Zu Hause hörten wir dann einige Gerüchte über die möglichen Gründe für diese Tötungen: Ein verbotenes Verhältnis zu einer deutschen Frau soll der Grund gewesen sein, andere nannten versuchte Vergewaltigung, Tötung von Nutztieren, Diebstahl und Fluchtvorbereitung. „Hat man später mehr dazu erfahren?" wollte der Freund wissen. Ich verneinte: „So unglaublich das klingt, aber es ist nie wieder darüber gesprochen worden. Ich glaube, die Menschen haben es einfach in ihren Köpfen gelöscht. Sie wollten wohl mit dieser Schande nicht leben."

Paul Kruck

1940er Jahre

Eine Bombe im Garten

Von unserem Hof zur Laube waren in ganzer Länge, ca. zwei Meter, schwarze Johannisbeerenbüsche gepflanzt, mindestens zwei nebeneinander, ein richtiger Urwald für ein Kind. Ich liebte schwarze Johannisbeeren und aß sie unwahrscheinlich gerne. Meine Mutter und meine Oma lachten mich deswegen aus. Schwarze Johannisbeeren? Daraus wurde Saft oder Schnaps hergestellt. Aber zum Rohessen waren sie doch viel zu herb.

Zum Pflücken hatte ich meine eigene Methode entwickelt: ich kroch unter die Büsche, legte mich auf die Erde, und die Beeren wanderten vom Strauch direkt in den Mund. Ende des Sommers 1949, ich war sechs Jahre alt, kroch ich zwischen die Büsche und suchte mir einen Platz, von wo aus ich die dicksten Beeren erreichen konnte. Ich rutschte über die Erde, um die geeignete Stelle zu finden. Hier war's gut, hier konnte ich prima pflücken. Aber irgendetwas stimmte nicht, mit der Schulter und dem Oberarm stieß ich an etwas Hartes, Spitzes. Das war mir unheimlich. Ich kroch aus dem Gebüsch heraus. Auf dem Hof traf ich meinen Opa, der gerade in seine Werkstatt gehen wollte. Er meinte: „Was ist los mit dir?" Da erzählte ich ihm von dem rostigen Eisen in den Johannisbeerbüschen. „Zeig mir die Stelle", sagte er. Er schob die Blätter der Büsche beiseite und starrte das „Ding" an. „Du gehst da nicht wieder hin", sagte er, „da liegt eine Bombe!" Nach einiger Zeit kam ein Bombenräumkommando aus Münster. „Bei Brüggendiecks im Garten liegt eine Bombe." Eine englische Flügelbombe, der Zünder steckte noch. Der zuständige Sprengmeister schaffte es, den Zünder herauszudrehen, obwohl er ganz verrostet war. „Glück gehabt", meinte er, „die Bombe war noch scharf".

Elke Brüggendieck

1940er Jahre

Währungsreform

Die mit Brettern vernagelten Fenster wurden wieder licht und trotz der Trümmer waren unsere Städte damit wieder ein wenig glänzender. Noch war Hungersnot, aber auch Freude darüber, dass man wieder ohne Bomben- und Flak-Getöse durchschlafen konnte. Die Kriegsgefangenen kamen heim, Fami-

Der Tag der Währungsreform am 20. Juni 1948 in Essen,
Foto: Peter Kleu, Fotosammlung Ruhr Museum

lien waren wieder zusammen, obwohl man schmerzlich an die vielen Toten dachte und die Verwundeten ihrer Genesung entgegensahen.

Dann kam 1948 ein ganz einschneidendes Erlebnis: die Währungsreform. Das alte Geld war weg und jeder Bürger wurde mit 40 DM beglückt. Was sollen wir damit anfangen, fragten wir. Aber tatsächlich, wie von Geisterhand über Nacht waren die Läden randvoll mit allen lang entbehrten Gütern. Wo kam das alles her? Ich frage mich das heute noch. Ich wünschte mir inständig einen Eimer. Und wirklich, den gab es. Welche Frau träumt heute noch von einem Eimer?

Hilde Willems

1940er Jahre

Pomadenfrisur

In Herne gab es damals etliche Tanzlokale, aber wenn wir von draußen das Gewimmer der Geigen hörten, hielten wir großspurig die Ohren zu. Das war nicht unsere Musik, denn der verlorene Krieg hatte nicht nur CARE-Pakete und Kaugummi über den großen Teich gespült, sondern auch den Jazz. Unsere Idole waren > Glenn Miller, Benny Goodman, Duke Ellington oder Louis „Satchmo" Armstrong. Zum Glück gab es > „Kamplade" mit seinem großen Saal. Dort spielte zweimal im Monat Jo Tysper mit seiner sieben Mann starken Jazzband. Das war die Musik, die uns alle verrückt machte. Im Saal saßen – wie es sich gehörte – die kichernden Mädel auf der einen Seite der Tanzfläche und wir saßen mit festgeklebter > Pomadenfrisur auf der anderen Seite.

Erich Völkel

Ein einschneidendes Ereignis: die Währungsreform, Foto: Peter Kleu, Fotosammlung Ruhr Museum

1940er Jahre

Gewaltige Umverteilung

„Nun erzähle du erst einmal, wie du überhaupt durch- und nach Hause gekommen bist." „Ach, Zissi, ich habe einfach sehr oft ganz viel Glück gehabt und unser lieber Gott hat mir so oft geholfen." Das sagte er als Evangelischer seiner doch sehr streng katholisch großgewordenen Ehefrau. Sie hatten aber wegen ihres anderen Glaubens, nachdem sie katholisch getraut worden waren und die Kinder katholisch hatten taufen lassen, eigentlich nie größere Meinungsverschiedenheiten gehabt. Willi hatte sich mit noch zwei Kriegskameraden aus dem Dortmunder Raum durchgeschlagen. Sie waren dem Aufruf, die Waffen niederzulegen und sich bedingungslos zu ergeben, nicht gefolgt. Sie wollten nicht wie ihre letzten Kameraden in die Ungewissheit der Kriegsgefangenschaft gehen. Sie waren geflohen und hatten es aus eigener Kraft bis nach Hause geschafft. Als Start in die neue Währung bekam jedes Familienmitglied 40 DM! Zur Zahlung musste man seinen Ausweis und für die Kinder das Familienstammbuch mitbringen, in das dann die Auszahlung der 40 DM eingestempelt wurde. Das alte Geld der Reichsmark war fast nichts mehr wert. Die Sparguthaben wurden 10:1 gekürzt und dann auf einem Festkonto gesperrt. Später wurde noch oft erzählt, dass wir alle 1948 ja gleich mit 40 DM wieder angefangen hätten. Das stimmt aber nun allerdings ganz und gar nicht! Die Unternehmer hatten ja vor allem ihre Produktionsanlagen und gehorteten Bestände, die, anders als das Sparbuch der kleinen Leute, überhaupt nicht abgewertet wurden. Auf diese Art und Weise war der Währungsschnitt eine gewaltige Umverteilungsaktion zugunsten der Sachwertbesitzer.

Klaus-Dieter Tovenrath

1940er Jahre

Moderne Kunst

Ich war neugierig, wollte alles kennen lernen, alles nachholen, was ich in den Jahren der Isolation versäumt hatte. Plötzlich tönte aus den Rundfunkgeräten Musik, die wir nie zuvor hören durften, weil es > „Negermusik" war.

Familientreffen mit Opa und Oma 1958, Foto: privat

Dieser Jazz – so unbändig und mitreißend – dieser Jazz ging mir ins Blut, er steckt mir noch heute in den Knochen. Und dann die Entdeckung der modernen Kunst, die man uns während der Nazizeit vorenthalten hatte. Die erste Berührung mit Werken von > Picasso, Van Gogh, Gauguin, Degas! Sie waren für mich eine Offenbarung, eröffneten mir eine neue Welt, nahmen mich gefangen. Diese Farben, diese Formen, diese Loslösung von Formen!

Brigitte Wiers

1950er Jahre

> **Magisches Auge**

Als Kinder hörten wir Nachrichten und Lieder aus dem Volksempfänger. Bald gab es ein neues Radio mit einem leuchtenden grünen Auge. Jede Menge Sender auf Mittel- und Kurzwelle sowie UKW ließen mich am Knopf drehen. Der amerikanische Sender > AFN und Radio Luxemburg waren angesagt. Jazz war für mich sehr interessant und > Harry James mein Idol. Später bin ich dann am Sonntag nach Gelsenkirchen zur Matinée-Vorstellung eines Kinos gefahren. Dort waren alle Jazzgrößen auf der Leinwand zu sehen. Damals sah ich dort auch einen Film über Kalifornien. L.A. war zugedeckt mit Autos, die auf Superstraßen fuhren, und kein Fußgänger ließ sich blicken. Man wollte mir diese Geschichte nicht abnehmen. Mit den Rolling Stones fing eine neue Musikepoche an.

Fred Gäbel

1950er Jahre

Fenster

Straßenmusikanten zogen mit Geige, Gitarre oder Akkordeon durch die Straßen und machten ihre Musik. Als Belohnung für ihr Spiel wurden die Fenster geöffnet, und es wurden kleine Münzen, die in Papier gewickelt waren, hinausgeworfen. In der Nachkriegszeit war es bis Mitte der fünfziger Jahre in vielen Familien – besonders in denen, die Kriegsheimkehrer erwarteten – üblich, eine > Kerze ins Fenster zu stellen, sobald es dunkel wurde. Man wollte damit ausdrücken: Wir warten auf Dich – Du bist uns willkommen. Wenn Heimkehrer an die Tür klopften, auch Fremde, und sie sagten, sie hätten Hunger, dann wurde keiner abgewiesen. Es konnte noch so knapp sein. Für diese Menschen war ein Teller Suppe oder ein Butterbrot immer übrig. Wenn man auch noch bei der Suche nach Angehörigen helfen konnte, war man glücklich.

Sammlung Böcker

1980er Jahre

Politik

Irgendwann kam dann der Punkt, an dem auch der Nationalsozialismus in unserer Schule thematisiert wurde. Die Neugier war da, und sie wurde von unserem Lehrer angefacht, der uns durchaus dazu aufforderte, einmal in der Familie nachzufragen, wie denn dort die schlimme Zeit erlebt wurde. Gespräche darüber waren nicht leicht. Meine Großmutter brachte es mit einer ihrer zahllosen komprimierten Weisheiten auf den Punkt: Sie habe im Krieg nach dem Motto gelebt: „Sauf dich voll und friss dich dick und halt dein Maul von Politik." Vielmehr war dort nicht zu holen. Man redete mit ihr nicht über Dinge, über die sie nicht reden wollte.

Peter Kruck

Der Rhein-Herne-Kanal in Essen, Anfang der 1960er Jahre, Foto: privat

HEIMAT

„Für die meisten Zugereisten endete hier die Suche."

Die Nachkriegszeit bedeutete für viele Menschen, sich eine neue Heimat suchen zu müssen, denn über 15 Millionen Deutsche hatten ihren alten Lebensmittelpunkt in den bis dahin deutschen Ostgebieten und den Siedlungsgebieten in Mittel- und Südosteuropa verloren. Förderlich fürs Heimischwerden und -fühlen – so legen es die Ausführungen nahe – sind eine zufriedenstellende Arbeit, individueller Wohn- und Lebensraum, soziale Kontakte, aber auch bestimmte Farben und Gerüche. Einer der Autoren verabschiedet sich mit der 1. Rockpalastnacht von der Kindheit im Zechenhaus und macht sich auf in eine neue, aufregende – musikalische – Heimat.

1930er Jahre

Bottrop, Eichenstraße 13

In der mittleren Etage wohnte eine Familie aus Bayern. Die Familie pflegte ihre heimatlichen Bräuche und hatte einen Heimatverein gegründet. Mutter und ihre Spielgefährten kletterten öfters auf das Dach der heute nicht mehr existenten Waschküche, um in das Fenster der Familie zu sehen. Da konnten sie mitunter beobachten, wie die Eheleute in bayerischer Tracht bayerische Tänze übten. Der Mann besaß ein Motorrad, was zu diesen Zeiten schon der reinste Luxus war. Doch als der Zweite Weltkrieg begann, wurden er und seine Maschine eingezogen.

Elfriede Keßler

1950er Jahre

Ein Bett für mich allein

Die Zeche Beeckerwerth in Duisburg wurde mein Ausbildungsbetrieb. Zur Zeche gehörte das Berglehrlingsheim auf der Flottenstraße in Beeck. Jetzt stand ich vor diesem „Prachtbau". Welch krasser Unterschied zu meiner bisherigen Wohnstatt. Der Heimleiter begrüßte mich herzlich und wünschte mir alles Gute in meiner neuen Heimat. Im Haus wohnten schon Lehrlinge. Einer führte mich in mein Zimmer, ein heller Raum für drei Bewohner. Ich kam aus dem Staunen nicht mehr heraus. Ich war in einer anderen Welt gelandet. Zum ersten Mal in meinem Leben – mit fünfzehn Jahren – hatte ich ein Bett

Das Berglehrlingsheim mit dem ersten eigenen Bett wurde zur Heimat, Foto: privat

ganz für mich allein. Alles so ordentlich und sauber. Und dann die Sanitärräume. So etwas hatte ich noch nicht gesehen. Mattglänzende Fliesen an den Wänden, blitzende Armaturen.

Ich hatte mich dem Bergbau verschrieben. Die schwarze und gefahrvolle Arbeit unter Tage auf mich genommen, nicht nur der guten Bezahlung wegen. Ein wenig stolz bin ich schon, einer von den Millionen Werktätigen zu sein, die aus den Trümmern des „Tausendjährigen Reiches" ein demokratisches Gemeinwesen aufbauten, das im „Wirtschaftswunder" gipfelte. Das war aber kein Wunder, das vom Himmel fiel, sondern die Summe kollektiver, harter Arbeit mit Hand und Hirn. Wir im Ruhrgebiet hatten großen Anteil daran. Ein unbedarftes Landei, im eher konservativen Weserbergland aufgewachsen, hatte große Schwierigkeiten mit den neuen Lebensgewohnheiten, dem lockeren Umgang, mit der Sprache einer Großstadt des Ruhrgebiets: Nicht einfach im Jahre 1952, für einen Fünfzehnjährigen. Ich hatte das große Glück, auf der Schachtanlage Beeckerwerth einen wunderbaren, verständnisvollen Ausbildungssteiger, Herrn Jäschk, Herrn Dr. Imgrund und Herrn von Laufenberg als Berufschullehrer und fähige Meister für die praktische Unterweisung gefunden zu haben. Die Ausbildung war hervorragend. Diese Herren schafften es, aus dem schmächtigen, verschüchterten Jungen ohne jegliches Selbstvertrauen einen tüchtigen Bergknappen zu machen. Mit Hochachtung denke ich an sie zurück. Ich habe viele hervorragende Männer unter Tage kennen gelernt, aber auch weniger gute und richtige Ekelpakete. Aber eines hatten sie alle gemeinsam: den Wunsch nach einem besseren Leben. Und diese Entwurzelten der Nachkriegszeit waren auf der Suche nach einer neuen Heimat. Die alte war oft unerreichbar oder lag in weiter Ferne. Das Ruhrgebiet nahm alle mit offenen Armen auf. Etwas ganz Neues. Für die meisten Zugereisten endete hier die Suche. Wir hatten eine neue Heimat gefunden.

Horst Schlaak

1950er Jahre

Gemeinschaft

Heimisch fühlten wir uns, weil Vater auf Schalke ging. Meine Mutter war in einigen Vereinen, Heimatverein und > Frauenhilfe. Wir Kinder gingen auch gerne in die Kirche und verbrachten dort unsere Freizeit. Im > CVJM, Christlicher Verein junger Männer oder Mädchen, wurde viel Theater gespielt. Wir führten Märchen auf, wobei ich die Texte noch heute kann. Im Saalbau wurde dann, zum Dank der fleißigen Frauen der Frauenhilfe, ein Kaffeetrinken veranstaltet. Schon mit vier Jahren durfte ich da auftreten. Am Anfang dachten meine Eltern noch, sie könnten eines Tages zurück

Kindheitsraum Kolonie „Heim und Scholle"
in Altenessen, Foto: privat

nach Ostpreußen. Aber später wollten sie es nicht sehen, so wie es geworden ist. Das Ruhrgebiet ist Heimat und Zuhause von vielen verschiedenen Menschen, so wie unsere Nationalmannschaft.

Sieglinde Schiwek

1950er Jahre

Paradies

Es wurden wieder Wohnungen gebaut. Damit begann 1952 für uns das Paradies – drei Zimmer, Küche, Diele, Bad. Und alles auf 46 Quadratmetern. Die Straße hieß Grünring, aber es gab sie noch gar nicht. Am 2. Januar 1952 schleppten wir unsere wenigen Habseligkeiten über Bretter und durch Lehm und Matsch ins Haus, aber das machte uns nichts aus, denn es war nach so vielen Jahren endlich wieder eine richtige Wohnung. Unser ganzer Stolz war das Badezimmer. Es war nur schade, dass dieser Luxus keinen Ofen hatte, keine Fliesen an der Wand und kein heißes Wasser. Und dort, wo eigentlich eine Wanne stehen sollte, ragte ein einsamer Kaltwasserhahn aus der Wand. Die Einrichtungen mussten wir später auf eigene Rechnung einbauen lassen. Als wir uns später dann eine Wanne leisten konnten, schleppten wir aus der winzigen Küche ein paar Töpfe heißes Wasser durchs Wohnzimmer in das Luxusbad. Deshalb blieb es bis auf weiteres bei der bisherigen Regel: wir gingen in das städtische Badehaus auf der Hermann-Löns-Straße. Aber unser Klo funktionierte tadellos. In dieser Wohnung haben wir geheiratet, dort sind unsere Söhne geboren und von dort sind meine Großeltern, mit denen ich mehr als 30 Jahre zusammengelebt habe, in eine Altenwohnung in der Nachbarschaft gezogen, wo sie dann Ende der sechziger Jahre hoch betagt gestorben sind.

Erich Völkel

1950er Jahre

Kolonieballade

Von weit her kam ich einst gezogen,
die bittere Not hat mich bewogen,
das Weserbergland zu verlassen,
im Kohlenpott neu Fuß zu fassen.

Wie schwer der Weg auch werden würde,
ich scheute keine Müh noch Bürde.
Verlies den Wald, die grünen Matten,
erwacht in Förderturmes Schatten.

Ich stand in einer anderen Welt
Rauch verdunkelte das Himmelszelt.
Hatte ich die rechte Wahl getroffen?
Lange blieb die Frage offen.

Da sah ich ein Mädchen, hold und schön,
vor einem Zechenhäuschen stehn.
Die strahlenden Augen auf mich gerichtet,
im Nu waren alle Zweifel geflüchtet.

Die blauen Augen, die blonden Locken,
ich war über mich selber erschrocken.
Der Himmel war plötzlich wieder gelichtet.
All das Graue auch geflüchtet.

Wer hat mir gewiesen den mühsamen Weg?
Es gab keine Brücken, keinen sicheren Steg.
Die Suche nach Brot und Freiheit blieb.
Einen Schatz hab ich gefunden: Heimat und Lieb.

Horst Schlaak

1950er Jahre

Beheimatung

Dortmund ist seit 1952 Patenstadt meiner niederschlesischen Geburtsstadt Waldenburg. In jenem Jahr fand in der Westfalenhalle das erste Waldenburger Heimattreffen statt. Ich hatte über den „Waldenburger Heimatboten“, eine Zeitung für die Heimatvertriebenen, per Annonce eine junge Frau kennen gelernt, die ich auf einem solchen Heimattreffen das erste Mal in natura sah. Am 25. August 1957 heirateten wir in Plauen, der Stadt, in der sie bis dahin gelebt hatte. Hildegard kam unter

Kindheitserinnerungen, Foto: privat

schwierigsten Bedingungen nach Lünen. Aufgrund der immer noch anhaltenden Wohnungsknappheit mussten wir den Wohnraum mit meinen Eltern teilen. Dieser Zustand hielt sich noch eine ganze Weile. So ging die Zeit dahin. Ich arbeitete, in Wechselschicht, auf der Zeche. Meine Frau machte Heimarbeit. Sie war gelernte Schneiderin. 1959 bezogen wir, das heißt meine Frau und ich, eine zweieinhalb Zimmerwohnung in einem Neubau in Dortmund-Scharnhorst. Anfangs waren wir nur spärlich eingerichtet. Die volle Möblierung folgte Stück für Stück. Wir waren die ersten in dem Acht-Familienhaus, die ein Fernsehgerät besaßen. Da wurde das Samstagabendprogramm zum gesellschaftlichen Ereignis. Nachbarn wurden zu Freunden. Es hat zwar lange gedauert, eine wirklich enge Beziehung zu meiner neuen Heimat aufzubauen, doch gruben sich meine Wurzeln immer mehr in den von Mergel durchzogenen Vorort Scharnhorst. Waldenburg, die alte Heimat, verblasste mit den Jahren. Heute kann ich zurückblickend sagen: Wir haben hier eine neue Heimat gefunden, uns gefällt es in Dortmund, im Ruhrgebiet sehr gut. Wir haben den schmutzigen Pott kennen gelernt und leben heute in einer grünen, blühenden Landschaft, die, wie ich glaube, abwechslungsreicher nicht sein kann. Es haben sich Hoffnungen für mich, für uns erfüllt, die wir vor gut sechzig Jahren nie zu haben gewagt hätten. Heute, da wir nicht mehr so viel Zeit haben, zehren wir von all den erfüllten Hoffnungen in unserem Leben.

Karl-Heinz Genschorek

1960er Jahre

Fußballplatz

Heimat, das war unser Fußballplatz mit schwarzer grober Asche, wo das Gras nur am Platzrand wuchs. Während wir dort für das nächste Spiel am Sonntagmorgen trainierten, stieg ab und zu eine gelbliche Schwefelabgasfahne aus dem nahen Chemiewerk in den blauen Sommerhimmel. Wir husteten und keuchten uns fast die Lunge aus dem Hals. Der Trainer machte eine kurze Pause. Danach rannten wir und schwitzten weiter, denn der gelbe Rauch brachte das Geld für den weiteren Aufbau und zukünftigen Wohlstand in unserem Land. Genauso wie die dichten, rostbraunen Wolken, die der Westwind vom gegenüberliegenden Krupp-Werk unseren Müttern in die frischgewaschene weiße Bettwäsche blies. Nie werde ich den Geruchmix des Rheins vergessen, auf dem die großen Öllachen wie bunte Gemälde in Richtung Nordsee trieben. Überall wurde gearbeitet – und alles hatte einen besonderen Geruch.

Claus Halama

Heimat im sozialen Netzwerk, 1950er Jahre, Foto: privat

1960er Jahre

Schwarz

In den Städten dominierte die Farbe schwarz. Die Fassaden der Gebäude, Häuser und Kirchen waren schwarz und auch die Wäsche wurde es auf der Leine, wenn sie zu lange hängen blieb. Da haben sich die Kohleberge, die > Deputatkohle der Bergleute, die vor den Hauseingängen ausgeschüttet wurden, nicht viel vor dem Hintergrund abgehoben. Es war uns Kindern ein vertrautes Geräusch, wenn die Männer nach der Arbeit die Kohle mit der Schaufel in den Keller beförderten, oftmals schon in der Dämmerung oder gar im Dunkeln. Das Bild unserer Städte bestand aus Fördergerüsten der Bergwerke, von denen es in einer Stadt gleich mehrere gab. Von wenigen Autos abgesehen war die Straßenbahn das dominierende Verkehrsmittel, und die zum Abwasserfluss degradierte Emscher, die in diesen Tagen eine aufwändige Renaturierung erfährt, nannte jeder nur „Köttelbecke".

Beatrix Petrikowski

1960er Jahre

Bullerbü in Bottrop

Der erste Mief im Revier der Nachkriegszeit war verzogen, die Wunden waren aber noch zahlreich vorhanden. Damals wohnten wir in Duisburg-Hamborn in der Kolpingstraße. Mein Vater hatte von seinem Patenonkel einen ausrangierten Bauwagen einer Straßenbaufirma geschenkt bekommen. Dieser stand in Alsum, dem längst verschwundenen Fischerdorf, an einem provisorischen Werktor der damaligen August-Thyssen-Hütte. Mein Vater und sein Schwager verhalfen dem alten Wagen in wochenlanger Arbeit wieder zu neuem Glanz: Das Dach wurde erneuert und geteert, der Innenraum entrümpelt, mit gepolsterter Sitzbank, kleinem Kochherd (mit umlaufender Stange!) und neuen Schränken versehen, Schlafkojen wurden installiert und alles wurde wohnlich eingerichtet. Der gesamte Wagen wurde komplett neu gestrichen, die Achsen wurden gängig gemacht. Da stand er dann eines Tages, strahlte in mattmoosgrün und wartete auf eine neue Heimat im Revier. Also machte sich mein Vater mit seinem 600er Fiat Jagst, üppige 19 PS, auf die Suche nach einem passenden Standplatz für unsere Errungenschaft. Tagelang fuhr er über Land, rumpelte über Feldwege und klopfte bei zahlreichen Landwirten in der näheren Umgebung an, ob jemand von ihnen bereit wäre, diesen Wohnwagen bei sich unterstellen zu lassen und, was wichtig war, den Wagen von Beeckerwerth zum neuen Domizil zu schleppen. Doch eines Tages kam mein Vater von seiner Wohnwagenstellplatzsuche und strahlte: Er hatte einen Bauernhof, etwa 19 Kilometer von unserer Wohnung entfernt, gefunden und auch jemanden, der den Transport des Wagens übernahm und den Standplatz stellte.

Der Bauernhof und unser Wohnwagen waren für mich ein absolut toller, riesiger Abenteuerspielplatz. Damals lief im Fernsehen Astrid Lindgrens „Die Kinder von Bullerbü" und ich fühlte mich manchmal wie Lasse oder Bosse, die mit Lisa, Britta und den anderen Kindern im Umfeld der drei Bauernhöfe so manches Abenteuer erlebten. Auch ich hatte hier Spielkameraden und mein eigenes Bullerbü in Bottrop-Kirchhellen!

Dirk Bakiera

1960er Jahre

Mit dem Finger auf der Landkarte

Meine erste Reise ins Ruhrgebiet machte ich, Fünftklässlerin einer Polytechnischen Oberschule im Spreewald, mit dem Finger auf der Landkarte, und dieser kannte keine Grenzen. Das Ruhrgebiet streiften wir im Unterricht mit der Bezeichnung „Ballungsgebiet", und so sah es auf der Karte auch aus, Ort an Ort, wie eine riesengroße Stadt aus vielen Städten und schien mir in dieser Form einmalig zu sein. Hier würde Kohle abgebaut werden, nur unter anderen Bedingungen, sagte man uns im Staatsbürgerkundeunterricht ab Klasse 7. Die Menschen dort im Ruhrgebiet würden von den großen Kapitalisten ausgebeutet werden, während es den Bergbauarbeitern im nahe gelegenen sorbischen Senftenberg im Sozialismus gut gehe. Hier waren die Kapitalisten nach dem Krieg entmachtet und vertrieben worden und alles sei Volkseigentum. Hier in unserem sozialistischen Heimatland musste nach der Zerstörung durch den Krieg alles aufgebaut werden. Die Industrie im Westen sei so fortgeschritten, weil Fabriken vom Krieg nichts abbekommen hätten und

Die Welt als Heimat, Essen 1961,
Foto: Peter Kleu, Fotosammlung Ruhr Museum

alles immer schon da gewesen sei. So weit im Westen seien keine Bomben gefallen. Heute stehe ich in Hörde und erzähle Ihnen, dass Dortmund für mich die Heimatstadt geworden ist, die ich immer gesucht habe. Hier begann – siebenundvierzigjährig – mein Leben. Ich habe hier viel erreicht und bin glücklich.

Astrid Leidenberger

1980er Jahre

Schluss, Aus und Vorbei

Ich kann mich genau an den Tag erinnern, an dem ich zum letzten Mal bei meinen Großeltern übernachtete. Es war April 1980. Ich war vierzehn Jahre alt, und meine Schwester Martina war damals mit Wolli liiert. Wolli war ausgewiesener Experte für Bluesrock und hatte mich bereits erfolgreich auf Branchengrößen wie die > Marshall Tucker Band, > Molly Hatchet, > Lynyrd Skynyrd, > Rory Gallagher oder > Ted Nugent aufmerksam gemacht. Musikalisch fraß ich Wolli aus der Hand. Er nahm mich damals zur Seite und sagte, am Samstag würde etwas Epochales passieren. Da gäbe es diese Bluesrock-Band aus den USA namens > ZZ Top, die würden dort schon Stadien füllen. Hier würde die aber noch niemand kennen. Und die hätten in der Nacht vom kommenden Samstag auf Sonntag ihren ersten Auftritt in Deutschland – und zwar in der > WDR Rockpalast-Nacht. Die dürfe ich auf keinen Fall verpassen. Ganz nebenbei erwähnte er noch das restliche Programm, die > Blues Band, > Joan Armatrading und > Ian Hunter, und sagte, dass man diese Sendung ebenso wenig verpassen dürfe wie ein WM-Finale mit deutscher Beteiligung.

Dummerweise hatten meine Eltern an diesem Wochenende etwas vor, so dass ich wieder einmal – es sollte das letzte Mal sein – bei meiner damals bereits verwitweten Großmutter übernachten sollte. Eine der jüngsten Anschaffungen unserer Familie war ein Kopfhörer, den man an den Fernseher anschließen konnte. Er war ein unfassbar unbequemes Teil. Es handelte sich um einen orangefarbenen Bügel, der unter dem Kinn baumelte. Die Teile, die man sich ins Ohr steckte, waren – Hohn oder Gedankenlosigkeit – gestaltet wie zwei winzige Wasserhähne: Die vier Zacken machten das Tragen nach Minuten zur Qual. Aber … etwas anderes gab's nicht. Ich hatte also dieses widerliche Teil im Gepäck, und meine Omma hatte ihr OK gegeben, dass ich mir dort die Rocknacht so lange anschauen durfte, wie ich wollte oder konnte. Ich hielt durch, der peinigende Schmerz in den Ohren war zwar unerträglich. Und doch war es der Wahnsinn, und ZZ Top ist eine der besten Bands aller Zeiten.

Aber die Stunden zuvor waren schwierig. Es lief so etwas wie > „Musik ist Trumpf", es kann auch der > Komödiantenstadl gewesen sein. Der Kontrast war so hart, dass mir plötzlich klar wurde, dass es vorbei war. Mein zweites Zuhause gab es nicht mehr, fortan war ich nur noch Gast in der Wohnung, im Leben meiner Großmutter.

Peter Kruck

1980er Jahre

Zeche Zweckel

Es ist schon paradox. Die Schachtanlage Zweckel war die jüngste auf Gladbecker Boden, hatte also zum Zeitpunkt der

Entstehung und auch von der Lage im Norden her die besten Zukunftsaussichten. Sie starb 1961 bis 1963 als erste den Rationalisierungstod. Trotzdem überlebte sie letztendlich die damals noch in voller Blüte stehenden anderen Zechen. Das Schicksal meinte es gut mit meiner Lieblingszeche, denn zum Zeitpunkt der endgültigen Aufgabe der Anlage war das öffentliche Interesse an der Erhaltung von Industriedenkmalen bereits so weit gediehen, dass die herrliche Maschinenhalle und die eleganten Fördergerüste künftigen Generationen einen Eindruck davon geben können, wie es mit dem Steinkohlenbergbau in Gladbeck aussah.

Manfred Frieben

1980er Jahre

Was, Sie wollen zurück in den Kohlenpott ziehen?

„Was, Sie wollen in den Kohlenpott verziehen?“ Ich weiß nicht, wie oft meine Frau und ich das gefragt worden sind, begleitet von ungläubigem, bemitleidendem Staunen.

Das Wort „Heimat“ schreibe ich bewusst. „Heimatlos“, dieser Begriff ist negativ besetzt: Da ist spürbar, nachfühlbar, dass etwas Wesentliches verloren ging. Entwurzelung, Fremde, Atem von Traurigkeit.

„Heimat“ ist beladen, tränentriefelige Schnulzen, überholte Traditionen, ein Verhalten, das den Blick einengt, fixiert auf den Kirchturm, bornierte, lokale Beschränktheit, Gesellschaftsbilder einer heilen Welt. Ein Widerspruch. Diese „Heimat“ meine ich nicht, und die verbinde ich auch nicht mehr mit meiner Heimatstadt. „Heimat“, das ist aus der Distanz der Jahre und Kilometer die Summe von ersten Kindheits- und Jugenderfahrungen, das Ergebnis für Bewertungs- und Orientierungsmaßstäbe, zu denen – Gott sei Dank – andere, neue Erfahrungen hinzugekommen sind und die Maßstäbe weiteten.

Nicht nur in der Gegenwart lebt man und nicht nur in Erwartung und mit ständigem Blick auf die Zukunft. Leben ist zunächst die Summe der Erfahrungen aus der Vergangenheit. Seit mir das bewusst ist, hat „Heimat“ für mich eine neue Bedeutung bekommen, mit ihr fühle ich mich seelisch verbunden. Meine Vergangenheit ist fast drei Jahrzehnte mit Castrop-Rauxel verknüpft, eher noch mit den wenigen Quadratkilometern Castrop, mit der Altstadt, mit Menschen dieser Gesellschaft, die mich mitgeprägt haben, mit der teils urbanen, teils industriellen, auch ländlichen Atmosphäre, mit den Freuden, den Ängsten, den dunklen Seiten der Erinnerungen, den Fehlern, die ich dort gemacht habe, der Traurigkeit, die ich durchleiden musste, der Anerkennung, die ich erfuhr, den Erfolgen, die ich hatte.

Alles, was der Mensch braucht, habe ich hier – und noch ein bisschen mehr.

Winfried Kurrath

Zwangsarbeiterinnen in Essen-Altenessen 1943, Foto: Willy van Heekern, Fotosammlung Ruhr Museum

FREMDE

„Etwas für uns vollkommen Unbegreifliches."

Der Nationalsozialismus vollzog eine rigide Differenzierung zwischen eigen und fremd, wobei das Fremdsein zumeist mit „minderwertig" gleichgesetzt war, das ausgebeutet, wenn nicht gar vernichtet gehörte. So waren 1944 allein in Essen 220.000 (zumeist russische) ZwangsarbeiterInnen und etwa 75.000 Kriegsgefangene in KZ-Außenstellen, Kriegsgefangenen- oder Zwangsarbeiterlagern zu extrem schlechten Bedingungen im Arbeitseinsatz. Diese Personen im Stadtbild damals zu übersehen war genauso unmöglich wie die immer stärkere Ausgrenzung deutscher Mitbürger jüdischen Glaubens, wie sie z. B. durch den seit 1941 vorgeschriebenen sechszackigen gelben Stern erfolgte. Neben diesen einprägsamen Bildern aus der Kindheit erinnert sich ein Autor an spätere, erfreuliche Erlebnisse, als das Einkommen erste Reisen ins Ausland ermöglichte, wo einiges recht befremdlich wirkte.

1940er Jahre

Ausgrenzung und Ver-Fremdung

„Mama, Mama, guck doch mal! Die beiden Leute, die uns da entgegenkommen, die haben ja einen gelben Stern auf ihrer Jacke.“ Ich merkte meiner Mutter an, dass das Verhalten ihres Sohnes ihr äußerst peinlich war. Sie schlug mir kräftig auf den Arm und entschuldigte sich bei den beiden Alten, die einfach nur „danke“ sagten und weitergingen.

„So, mein lieber Sohn, nun pass einmal auf, was ich dir jetzt sage! Das sind Juden und die sind von der Polizei gezwungen worden, einen solchen Stern auf der Jacke zu tragen. Das sind recht ordentliche Leute, von denen ich auch manche kenne. Viele von ihnen wohnen hier in unserer Gegend. Zeige bloß nicht noch einmal mit deinen Fingern auf Leute, die einen solchen Stern tragen müssen!“ Ich wusste zwar zu dieser Zeit nicht, was Juden waren, aber meine Mutter kannte sie, und diese Information reichte für mich aus. Erst einige Jahre später erzählte mir meine Mutter, dass sie viele Juden persönlich kannte und für sie gearbeitet hatte. Meine Mutter war von Beruf Schneiderin.

Jürgen Weber

1940er Jahre

Lager

Dort, wo heute die Sportanlage ist, standen etliche Baracken mit wohl mehr als 1.000 Russen. Sie mussten schwer arbeiten und bekamen wenig zu essen. Auf dem Gelände des Nöggerathbades waren Baracken mit französischen Gefangenen. Die wurden schon besser behandelt. Bei Fliegeralarm mussten die Russen in ihren Baracken bleiben, aber für die Franzosen war der Tunnel durch den Bahndamm nach Frohnhausen zum Schutzraum umgebaut worden. Neben der Clemenskirche waren „Ostarbeiter“ untergebracht. Das waren junge Männer, meist aus der Ukraine, die zu Hause auf der Straße verhaftet und einfach nach Deutschland transportiert wurden. Hier mussten sie schwer arbeiten, bekamen schlecht zu essen und kein Geld.

Die Müllwerker hießen damals Aschenmänner, denn gekocht und geheizt wurde mit Kohle. Es brannte also auch im Sommer ein Feuer und aller Abfall wurde verbrannt. Die Aschentonnen waren aus Zinkblech, leer schon schwer und standen im Keller. Für diese schwere Arbeit wurden auch Gefangene eingesetzt. Falls ich an dem Tag, wenn die Asche abgeholt wurde, nachmittags Schule hatte, schmierte Mutter ein Butterbrot, packte es fest ein, und ich musste es in die Tonne oben drauflegen. Die Männer hoben den Deckel und suchten nach Essbarem.

Walter Coßmann

Der prüfende Blick, Foto: privat

1940er Jahre

Begegnung mit einem Zwangsarbeiter

Eine bei einem Luftangriff auf das nahe gelegene Bahngelände gefallene Fliegerbombe bewirkte, dass bei uns in der Wohnung der Putz von der Decke fiel. Einige Tage später wurde uns ein Zwangsarbeiter oder Kriegsgefangener zugewiesen, der den Schaden beheben sollte. Meine Mutter hatte einen „Eintopf" gekocht, gab ihm, als es Mittagszeit war, einen Teller mit Suppe und wies ihn, sich etwas abseits hinzusetzen und dort zu essen. Als der Mann die Arbeit erledigt hatte, bettelte er um etwas zu Essen. Meine Mutter gab ihm einige „doppelte Butterbrote", belegt mit Wurst aus eigener Schlachtung, die dieser eilig unter seiner Jacke versteckte, um dann davon zu gehen. Am nächsten Tag erschien dieser Mann wieder, zeigte mit der Hand zum Mund und bat so um etwas zu Essen. Er bekam eine Tüte Kartoffeln und die Weisung, nicht mehr wieder zu kommen, denn wenn solch ein Handeln bekannt geworden wäre, hätte es Ärger gegeben.

Herbert Pemp

1940er Jahre

Tausch

Ungefähr 500 Meter von unserem Haus entfernt wurde in einem bisher unwegsamen Gelände ein Gefangenenlager eingerichtet. Das erweckte die Neugierde von uns Kindern. Heimlich schlichen wir uns an und sahen die Gefangenen hinter hohen Stacheldrahtzäunen auf dem Boden sitzen. Es müssen überwiegend Russen gewesen sein. Sie lockten uns an und zeigten uns aus Holzspänen kunstvoll geschnitzte Vögel. Wir waren fasziniert – so etwas hatten wir noch nie gesehen – und reagierten auf ihren Hinweis: Kartouschka, mein erstes fremdsprachliches Wort, das ich richtig interpretierte. Heimlich schlichen wir uns zu Hause in den Keller, den wir um soviel Kartoffeln erleichterten, wie wir nur tragen konnten.

Wilhelm Niehüsener

1940er Jahre

Schwarze

Und dann kamen die Amis. Panzer, Lastkraftwagen, die große Geschütze zogen, Maschinengewehre usw., usw. Mit großen Augen starrten wir Kinder auf den Einzug der Soldaten. Diese sahen aber gar nicht so böse aus, sondern lachten uns häufig an, als sie uns, die Kleinen, die weißen Fahnen schwenken sahen. Und dann sah ich zum ersten Mal in meinem Leben einen Schwarzen, und nicht nur einen. Viele Schwarze waren bei dieser Truppe. Wir kannten zwar die Geschichte von den zehn kleinen Negerlein oder von dem > Neger an der Krippe, dem so genannten > Nickemohr, aber so in Uniform und waffentragend, Schwarze, die LKWs fuhren, das war für uns alle etwas ganz Neues und Spannendes.

Jürgen Weber

Wallfahrt katholischer Frauen, Foto: privat

1940er Jahre

Kaugummi

Die Stadt, in der unser Transport schließlich hielt, hieß Siegen. Dort sahen wir etwas für uns vollkommen Unbegreifliches: die Soldaten trugen weder Helme noch Gewehre, verteilten Kaugummi und Schokolade an die Kinder, und aus ihren lachenden, schwarzen Gesichtern blitzten die weißen Zähne. In einer Turnhalle lagen Strohsäcke und Matratzen für uns bereit und es gab > Weißbrot und Fleisch aus der Dose. Zum Abschluss des Tages wurden wir dann entlaust. In einem extra dafür aufgebauten Zelt bliesen uns die Amerikaner kiloweise > Entlausungspulver in alle Kleideröffnungen – Ärmel, Hosenbeine, in den Kragen und in den Hosenbund. Zum Glück hatte einer der Bläser noch gerufen: „Mund und Augen zu!" Als nächstes wurden wir in einem Zimmer auf der Bochumer Straße zwangseinquartiert. Es wurde für mehrere Monate unser überfülltes Zuhause. Oma und Opa, ein Onkel mit Tante, noch eine Tante, die aus Berlin geflüchtet war mit ihrem Mann, der aus der amerikanischen Gefangenschaft zurückgekehrt war, und natürlich ich – ein inzwischen 17-jähriger Junge. Möbel hatten wir reichlich: zwei Etagenbetten, zwei Stühle und ein Minitisch. Als Schrank dienten ein paar

Die erste Urlaubsreise nach Österreich, 1970er Jahre, Foto: privat

Nägel an der Wand. Das beste Stück war ein Sofa, auf dem man wegen der kaputten Federn nicht überall sitzen konnte. Und liegen erst recht nicht. Es war also fast unmöglich, dass wir alle zur gleichen Zeit schlafen konnten. Aber wir hatten ja noch einen Strohsack, der tagsüber hochkant an der Wand lehnte. Als dann die beiden Paare eine eigene Bleibe bekamen, zogen wir um zur Gräffstraße in eine ehemalige Baracke vom Reichsarbeitsdienst. Es war eine „Komfortwohnung“ mit kleinen Fehlern: das Klo war so klein, dass die Tür nicht zuging, weil sie einem beim Sitzen vor die Knie stieß. Die Lösung war einfach – man musste nur schräg Platz nehmen.

Erich Völkel

1960er Jahre

In Europa unterwegs

Spaghetti waren damals auch schon in Deutschland bekannt, nur gegessen hatte sie noch keiner von uns. Mein Vater hatte keine Schwierigkeiten in Italien, weil Nudeln sein Leibgericht waren. Er hatte sich schweigend umgesehen, wie die anderen Gäste es machten und nahm nun zielsicher den Esslöffel bei der Hand und dreht die Nudeln auf seinem Teller besser als mancher Italiener. Die Pleite kam mit der Rechnung: Sie lautete auf > Lire, wir hatten aber nur Schillinge aus dem Österreich-Urlaub und zum Umrechnen in Deutsche Mark ließen uns die Kellner keine Zeit.

Ein anderes Mal wollten wir nur mal kurz nach Straßburg reinfahren, weil wir so viel über das Straßburger Münster gehört hatten. Die Fahrt über die Europabrücke von Kehl aus verlief noch reibungslos, doch schon die Parkplatzsuche gestaltete sich schwierig. „Entrée“ und „Sortie“ waren auf dem Parkplatz nicht so einfach auseinander zu halten. Später erinnerte sich meine Tante, dass mein Großvater früher von Entrée gesprochen und Eintritt gemeint hatte. Dies war ihr aber nicht eingefallen, als Onkel Richard versuchte, am Sortie-Schild auf den Parkplatz zu fahren, weil er dachte, es käme von „einsortieren“.

Lothar Gräfingholt

Ausflug in die GRUGA, Foto: privat

SPASS

„Hungrig nach dem prallen Leben.“

Nach dem Krieg und den Entbehrungen der unmittelbaren Nachkriegszeit waren die Menschen förmlich gierig nach Spaß und Abwechslung. Tanz und Kino standen obenan, aber auch das Schwimmen im Kanal oder die Teilnahme an Kinderschützenfesten wurden als aufregend und abenteuerlich empfunden. Vieles war von einem Hauch von Naivität und Unerfahrenheit umgeben, das jedoch mit großer Neugierde und Entdeckerfreude beherzt angegangen wurde.

1940er

Der erste Kuss

Einmal ging ich mit sechs Jungens, unter ihnen auch Kaka Elbing, ins Astoria tanzen. Nach allem, was Kaka so von sich ließ, hatte ich schon Angst, von einem Kuss ein Kind zu bekommen. Einmal wollte ich ins Thalia-Kino, wurde aber nach meinem Alter gefragt. Ich sagte: „Morgen werde ich vierzehn". Mir wurde geantwortet: „Na, dann komm morgen wieder." Ach, wir Kinder waren während der Kriegszeit eigentlich recht sorglos. Für uns war die Welt einfach so, wie sie war, voller Sorgen und Gefahren, aber wir hatten auch unseren Spaß, trotz der vielen Sperrstunden, zu denen keiner raus durfte. Oft saßen wir im Busch oben auf dem Sandberg, jedoch unterhalb der Flakstellungen versteckt. So auch an dem Abend, als Fränki von Frankreich erzählt hat, der Mond so schön schien und mich dann geküsst hat. Da war es aus, ich hab nur noch gedacht, auweia, jetzt kriegst du ein Kind.

Sammlung Böcker

1940er

Schleppkähne

Der Rhein-Herne-Kanal war nicht ganz so weit. Wir sind die Schleppkähne hochgeklettert und haben uns ein Stück

Karnevalsfeier mit Gottes Segen 1943, Foto: privat

mitnehmen lassen. Zu Hause mussten wir dann den Teer, mit dem die Schiffe gestrichen waren, mit Margarine vom Körper entfernen. Alle anderen Mittel versagten. Im Winter haben wir Eishockey auf dem zugefrorenen Schlossteich in Borbeck gespielt. Das war zwar nicht erlaubt, aber wir waren auf unseren Schlittschuhen etwas schneller als der Wärter, der sich nicht traute, auf das Eis zu kommen.

Alfred Hollerbach

Das Tor zur Welt, Foto: privat

1950er Jahre

Sünde

Ende der fünfziger Jahre wurde in dem beliebten Kino „Südtheater" in Essen ein Film gezeigt, der schon wegen seines Titels bei den Rüttenscheider Jugendlichen großes Interesse hervorrief: > „Am Anfang war es Sünde". Denn es ging das Gerücht, dass man in dem Film von der Schauspielerin Ruth Niehaus einen interessanten Körperteil präsentiert bekam. Wir waren alle unter 18 Jahren, aber hatten uns schon darauf vorbereitet, eine gute, erwachsene Figur zu bieten. Die berühmte Filterzigarette, die von uns gern geraucht wurde, weil mit Papierfilter ausgestattet, wurde den Damen an der Kasse und dem Eingang lässig im Mundwinkel qualmend präsentiert. Ebenfalls mussten einige geliehene Schlipse der Väter für die Vorspiegelung des Erwachsenenalters herhalten. Bis auf einen Freund, der einfach noch zu > spundig aussah, wurden wir alle durchgewunken. Nun stand dem Filmvergnügen nichts mehr im Wege.

Horst Schick

1950er Jahre

Kino in Katernberg

In Katernberg gab es drei Lichtspieltheater. Preiswert war die Sonntagsfrühvorstellung. Wildwest war angesagt. Wir kannten jeden Kunstfelsen von Hollywood und jede Schusswaffe war uns geläufig. Jede Technik mit Pfeil und Bogen wurde kopiert. Aus alten Schirmstangen haben wir den Bogen gebastelt. Die Federung war einmalig. Holz war auch das Material, aus dem der Colt und die Zwille hergestellt wurden. Da manches zerbombte Grundstück unbearbeitet blieb, hatten wir die Prärie vor unserer Nase. Das Gras wuchs zum Teil Meter hoch. Dieses Wildwestgefühl hörte auch abends nicht auf. Es gab ja die einschlägige Lektüre. Die Heftchen von > Billy Jenkins, Tom Prox und Pete waren der Renner. Später gab es von diesen Gestalten dicke Bücher. Diese Schinken waren leihweise für etwas Kleingeld bei der Zechenbücherei erhältlich. Dort haben wir uns auch die verordnete > Höhensonne samt Kalktabletten abgeholt.

Fred Gäbel

Werner hat Spaß, Foto: privat

1950er Jahren

Kinderschützenfest 1953

Eine allgemeine Aufbruchstimmung hat die kleine Nachbarschaft erfasst. Die Menschen empfinden ein Nachholgefühl, eine Freude am Leben. Es geht, wenn auch in kleinen Schritten, vorwärts. Und so haben sich zwei Familien zusammengesetzt und bereiten ein Kinderfest in den Sommerferien vor. Noch ist das Ganze ein Geheimnis. Doch die Alten merken langsam, dass sie die Unterstützung der größeren Kinder brauchen. Schließlich soll das ja ein gelungener Sonntagnachmittag werden.

Der große Tag ist da. Ein strahlend warmer Sonntag im Juli zieht herauf. Gleich ist 14:00 Uhr nachmittags. Die vielen Kinder vom Emscherquellhof machen sich auf den Weg. Bei Wulfs stoßen weitere hinzu. Großes Treffen auf dem schwarzen, frisch geharkten Aschenplatz vor Kerstings Haus. Jetzt formieren sie sich zu ihrem Umzug. Das Königspaar, Friedhelm und Ellen, geht prächtig gekleidet voraus. Der Hofstaat folgt, alle mit bunten Kleidern kostümiert. Die Hofnarren umspringen mit ihrem Bollerwagen den Zug, laufen mal hier-, mal dorthin. Fröhlich und ausgelassen geht der Zug von 25 Kindern Richtung Hixterwald, die Landskroner Straße hoch und biegt nach ca. 300 Metern in den Weg zu Lehning, um dann wieder zum zentralen Punkt auf Kerstings Aschenplatz zu landen. Begleitet werden die lustigen, tanzenden Kinder von Musik aus unterschiedlichsten Instrumenten: Blechtrommeln, Kindertrompeten, Töpfen mit Deckeln, Mundharmonikas. Einer der begleitenden Erwachsenen spielt sogar auf einer alten „Quetschkommode". Am Zielort gibt es zunächst ein Ständchen für das Königspaar: „Hoch soll´n sie leben!" Nun erfolgt die Wahl der schönsten Kostümierung. Die Brennschere hat gute Arbeit geleistet: Ringellöckchen, hochgebundener Dutt, Pferdeschwanz mit Schleifen und weitere fantasievolle Frisuren machen es den Juroren schwer zu entscheiden. Denn sie müssen ja auch noch die bunten, verwegenen Kostüme bewerten. Hier ist aber auch alles zum Einsatz gekommen: Geschirr- und Handtücher, Bettlaken, vielfarbige alte Decken, Kissenhüllen sind zweckentfremdet umgenäht worden. Aber auch die Jungs stehen mit ihren sagenhaften Hut-Kreationen nicht zurück. Bei der Siegerehrung gibt es strahlende, aber auch manch enttäuschte Gesichter. Und als die Stimmung am höchsten ist, rufen die Großen zum Kuchenessen. Lange, zum Teil wackelige Tische biegen sich unter den Rodon- und Blechkuchen mit Kirschen und Bienenstich. Sogar eine Butter-

Feucht-fröhliche Bürofeier, 1960er Jahre Essen, Foto: privat

BAHN
50

cremetorte ist dabei. Auf der Wiese unter den Obstbäumen lässt es sich gut und ausgiebig schmatzen und tafeln.

Wilhelm E. Cramer

1950er Jahre

Sexualität

Mit zunehmendem Alter kam die Sexualität ins Spiel. Wir übten in einem Kornfeld unter Ausschluss der Öffentlichkeit das Sperma-Weitspritzen. „Ich kann dreimal hintereinander" usw. So haben wir uns langsam an die Männerwelt herangetastet. Zur Unterstützung dienten ein Doktorbuch und ein paar Aktfotos.

Fred Gäbel

1960er Jahre

Immer das pralle Leben

Eine Freundin hieß Christa, war kohlpechrabenschwarz – und ich platinblond. Wir waren > Marilyn Monroe und Jane Russell und wir machten sämtliche Jungen nervös. Als wir 17 Jahre alt waren, gingen wir samstags zu „Niermann" in Essen-Katernberg am „Abzweig". Es war die Zeit der Sperrstunde, wir mussten um 22:00 Uhr das Lokal verlassen, aber dann ging erst mal richtig die Post ab, nämlich dann sang der Sänger der Band, fünffacher Vater und Auslieferungsfahrer bei der Brotfabrik Stauffenberg, auch schlüpfrige Lieder wie „Marina macht das Strumpfband los, jetzt geht's los" usw. Einmal war es 22:15 Uhr und Christa und ich waren noch im Lokal. Plötzlich flog die Eingangstür auf und drei Kripobeamte stürmten in die Kneipe, schwirrten in drei Richtungen aus. Stühle polterten zu Boden. Christa schrie: „Jetzt werden wir mit der > grünen Minna nach Hause gebracht!", und hatte Angst vor Prügel von den Eltern. Ich sagte: „Du bestimmt, ich nicht!", und beobachtete die Kripoleute. Einer ging auf der Herrentoilette nachsehen, ob sich da welche versteckten. Als er wieder herauskam, versteckte ich mich da. Ein junger Mann hatte mich nicht verraten.

Samstags war ich Stunden im Bad, um mich zu stylen, für den „Abendauftritt", dachte immer, ich lerne endlich meinen Traummann kennen, den Prinzen, der mich erlöst, lernte aber nur Frösche kennen, die nicht tanzen konnten, keinen ausgaben, aber knutschen wollten. Unbefriedigt fuhr ich mit der letzten Bahn nach Hause. Einmal fixierte mich ein junger Mann in der Straßenbahn. Ich wusste sofort, dass ich Schwierigkeiten bekam – und richtig. Ich stieg > in Schonnebeck bei Drees aus, musste die ganze Huestraße hinauflaufen gegen 23:00 Uhr. Alles stockdunkel, der Kerl kam immer näher, keuchte und stieß anzügliche Worte aus. Ich rannte, er auch und kam immer näher. Plötzlich sprang ich in einen Hausein-

Kirmes auf dem Castroper Festplatz, Zeche Erin und Kokerei im Hintergrund, Foto: Helmut Orwat

gang, klingelte überall Sturm und rief laut: „Mutti, Hilfe, Hilfe!" Lichter gingen an, Fenster wurden aufgerissen und der Kerl war weg.

Renate Bodyl

1960er Jahre

GRUGA

Das Schienennetz war schon damals gut ausgebaut und wenn man in eine Stadt zum Einkaufen wollte, fuhr man mit der Straßenbahn. Ja, und mit der Straßenbahn ist man auch gefahren, wenn man einen Tagesausflug machen wollte. Ich kann mich noch gut daran erinnern, dass es bei uns jedes Jahr im Sommer einmal zum > Grugapark, einem der größten Parks Deutschlands, nach Essen ging. Der Höhepunkt dieses Tages war dann die Fahrt mit der Bimmelbahn, wie wir Kinder die Grugabahn nannten, die eine Runde durch den Park fuhr. Wenn das Wetter mitspielte, ging es in das zum Grugakomplex gehörende Schwimmbad, das als besondere Attraktion schon damals über ein Wellenbad verfügte. Und was nicht fehlen durfte war die Verpflegung, die stets aus von meiner Mutter am Vortag selbst gebackenen Waffeln bestand! Ein weiteres beliebtes Ausflugsziel, von dem ich anschließend stolz meinen Freundinnen vorgeschwärmt habe, war der Baldeneysee in Essen, auf dem man eine Bootsrundfahrt machen oder einfach nur dem bunten Treiben der zahlreichen Ausflügler zusehen konnte.

Beatrix Petrikowski

Hula Hoop, 1959, Foto: Günter Zoll, Z_1139-53A, Stadtarchiv Dortmund

1960er Jahre

Twist von Chubby Checker

Ganz toll war das Tanzlokal > „Arkadia", Dellbrügge, an der Lichtburg. Dort traten das > Hazy-Osterwald-Sextett, das > Jochen-Brauer-Sextett, > Angelina Monti und viele andere prominente Künstler auf. Dementsprechend war es sehr teuer, auch der Eintritt. Ich konnte mir nur einen Piccolo pro Abend leisten und hoffte immer, dass ich von einem Mann eingeladen würde. Der Haken dabei war, dass ich das mit Sex bezahlen sollte, aber ich war raffiniert und habe mich immer davon gemacht, wenn es ernst wurde. Ich hatte damals eine Vorliebe für Cocktailkleider. Ein enges schwarzes Kleid mit Strassknöpfen hatte es mir besonders angetan, und ich tanzte am liebsten Twist von > Chubby Checker, mochte aber auch > Elvis Presley, die Beatles und > Bill Haley und war immer hungrig nach dem prallen Leben, spielte gern mit dem Feuer, trank am liebsten > Escorial 56 Prozent, der haute so schön rein. Meinen Traum Modezeichnerin zu werden, hatte ich aufgegeben, nachdem meine Mutter meine Zeichnungen zerrissen hatte, um mir die Flausen aus dem Kopf zu treiben.

Renate Bodyl

SC Arminia Ickern Anfang der 1950er Jahre, Foto: privat

SPIEL

„Es ging voll zur Sache!“

Auch heute noch wird gerne gebolzt, Verstecken gespielt oder Schwimmen gegangen. Doch haben sich Ausstattung und Orte über die Jahre verändert: Zwar gibt es das Werksschwimmbad auf Zollverein immer noch – seit 2001 als Kunstaktion zum Leben wiedererweckt –, doch war es früher ausschließlich für die Auszubildenden im Bergbau und die Familien der Bergleute gedacht, so dass für viele nur der Rhein-Herne-Kanal als Alternative übrig blieb. Fußball mit Dose oder Lumpen zu spielen, ist heute eigentlich undenkbar, und das Erkunden noch vorhandener Luftschutzanlagen, allein in Essen gab es 1.300 davon, ist 1952 zu Ende gegangen, als anlässlich eines Unfalls von Kindern alle Luftschutzanlagen gesichtet und gesichert wurden.

1940er Jahre

Spiele

An erster Stelle war für uns Knaben Fußball angesagt. Als Ball benutzen wir ein Gebilde aus alten Lumpen oder eine Blechdose. Später habe ich sogar einen Lederball bekommen. Dann gab es das Spiel mit der › Peitsche und dem Pitschendopp. Hinzu kamen Schabbeln mit Geld, Seilchenspringen, Kästchenhüpfen auf der Straße. Es fuhren kaum Autos, meistens Pferdefuhrwerke. Der Milchmann zog sein Gespann selbst. Die Straßen waren leer, ideal für Völkerball, Rollschuhlaufen bzw. im Winter Schlindern. Die ganze Straße – einen Kilometer lang – haben wir zur Schlinderbahn gemacht.

Fred Gäbel

1940er Jahre

Doktorspiele

Einmal haben die beiden, für mich ja großen Mädchen, mit mir auch „Onkel Doktor“ gespielt. Der jeweilige Patient musste sich immer ganz ausziehen. Scheu oder Scham hatten wir voreinander nicht, denn wir kannten uns ja von klein auf. Es war den Mädchen ganz normal bekannt, dass ich einen „Pillemann“ hatte, und ich wusste, dass es bei ihnen unten eben nur ein Schlitz war. Da unten aber dann, in das kleine Löchschen, da durfte auch der „Onkel Doktor“ keine Spritze reinmachen! Ebenso galt das auch bei mir. Von den beiden großen Mädchen wurde mir hinterher noch das große Ehrenwort abgenommen, unserer Mama nicht davon zu erzählen.

Klaus-Dieter Tovenrath

1940er Jahre

Gefahren

Mehrere Jungen aus der Wolbeckstraße waren gemeinsam zum Schwimmen am Kanal und wollten danach auch noch gemeinsam zum Fußball. Als sie genug vom „Canale grande“ hatten, besprachen sich die Jungen noch wegen des Fußballs und beschlossen bis auf einen, gemeinsam loszuziehen. Während sich alle Jungen anschließend zu Hause in der Wolbeckstraße einfanden, kam dieser eine Junge, der am Kanal zurück geblieben war, nicht nach Hause. Der verzweifelte Vater (es war das einzige Kind der Familie) lief auf der Suche nach seinem Sohn die ganze Nacht über die Höfe und die Straße rauf und runter, und rief den Namen seines Sohnes. Der Sohn war aus irgendwelchen Gründen im Kanal ertrunken.

Sammlung Böcker

1940er Jahre

Konservendosen

In diesen späten Nachkriegsjahren stand Fußball eindeutig an erster Stelle. Einfache Gummibälle konnte man sich leisten. Obwohl, wenn ich an 1948 denke, mein Einschulungsjahr, dann genügten uns auch zusammen geknüllte

Putzlappen oder Blechdosen. Sehr zum Leidwesen unserer Eltern, denn die Dosen bestanden nicht aus feingewalztem Weißblech, sondern aus dickem Konservenblech. Dies hielten unsere Schuhe natürlich nur bis zu einem gewissen Abnutzungsgrad aus. Den Schuster freute es, der Gott sei Dank noch in der Nachbarschaft wohnte.

Wilhelm E. Cramer

1940er Jahre

Schwimmen

Zum Schwimmen ging es als Anfänger nach Schacht IV. Dort hatte Zollverein ein Betriebsschwimmbad. Das Wasser war eiskalt im langgezogenen Becken. Mit einem Sprung konnte ich von einem Beckenrand zum anderen gelangen und das alles im Schwimmerteil. Wir unternahmen später lange Fußmärsche zu den Badeanstalten nach Gelsenkirchen und Altenessen und landeten als gute Schwimmer am Rhein-Herne-Kanal. Dort enterten wir Lastkähne in voller Fahrt. Gemeine Bootsbesitzer bestrichen ihre Außenwände mit Teer. Die Folgen sind klar: Unsere Mütter freuten sich über zusätzliche Reinigungsaufgaben!

Wir wurden älter und König Fußball bestimmte unsere Freizeit. Ich bekam von meinen Eltern einen echten Lederball geschenkt. Er war mit einer Blase und einem Schnürverschluss ausgestattet. Damit war ich bei den Freunden sehr beliebt. Aufstellung war immer gesichert. Die notwendige Pflegearbeit wurde von mir stets gewissenhaft durchgeführt, wie Ball einfetten, aufgeplatzte Nähte reparieren usw. Unser Vorbild war der Fußballverein „Sportfreunde Katernberg". Der Verein hatte einen guten Klang im Revier. Um auf den Platz zu gelangen, haben wir alle Schlupflöcher ausgenutzt. Wir sind auch manchmal vom Platz geflogen, wenn es hieß „Zeigt mal eure Eintrittskarte". Auf dem Gelände vom Vereinslokal Bullmann wurde damals geboxt. Hier kämpften noch Sportler aus der Kriegszeit. Es ging voll zur Sache und die Zuschauer sparten auch nicht mit Worten. „Voll auf die Zwölf" usw.

Fred Gäbel

1950er Jahre

Bunkerspiele

Ich war eines dieser Mädchen, das immer bei den Jungen zu finden war, so auch, wenn es hieß, die Bunker zu erkunden. Wir waren so fünf bis sechs Leute oder auch mehr. Alle hatten wir uns mit Pechfackeln bewaffnet (unsere Pechfackeln waren in Wirklichkeit abgeschnittene Gummischläuche), als unsere Expedition los ging. Ich weiß nicht, wie weit wir schon in die Bunkergänge vorgedrungen waren, als von den Vorderen der Ruf kam: „Hier liegen Knochen und hier auch ein Totenschädel." Keiner der Nachfolgenden wollte dies näher in Augenschein nehmen. Der Schreck war auch so groß genug. Wir machten kehrt und nahmen unsere Beine in die Hand.

Die Meistermannschaft vom SC Arminia Ickern 1952, Foto: privat

Nix wie weg. Nur raus aus dem Bunker und schnell an die frische Luft. Ich weiß nicht, was die Ersten wirklich gesehen haben. Doch es ging das Gerede rum, es wäre ein Skelett gewesen.

Sammlung Böcker

1950er Jahre

Deutschland erklärt den Krieg

„Deutschland erklärt den Krieg" – ein blöder Name für ein Kinderspiel, aber klasse: Es wurde ein Kreis gezogen und aufgeteilt wie eine Torte. Jedes Tortenstück bekam den Namen eines Landes. Dann stellte jeder Mitspieler einen Fuß in sein Tortenstück, und Deutschland fing an. „Deutschland erklärt den Krieg gegen Frankreich". Frankreich musste dann weglaufen und Deutschland hinterher und Frankreich einfangen. Es gab einen Punkt, da musste jeder drumrum rennen, wer zuerst seinen Fuß wieder in seinem Land hatte, hatte gewonnen und hatte nun mehr Land. Der andere schied dann aus, bis nur einer übrig blieb.

Sammlung Böcker

SC Arminia Ickern 1952, Foto: privat

1950er Jahre

Westfalenmeister

Der Fußballverein SC Arminia Ickern, gegründet schon 1921, war der Verein in unserer Familie. Nach einigen erfolglosen Jahren wurde die 1. Mannschaft 1952 sogar Westfalenmeister und ließ auch den Renommierclub vieler Jahre vorher, Castrop 02, weit hinter sich. Das entscheidende Spiel fand im „Ickerner Volkspark" vor über 5.000 Zuschauern statt. Als kleiner Pimpf von sieben Jahren war ich auch dabei. Ganz vorne, fast schon auf dem Spielfeld. Da war vielleicht was los! Es war das Tollste, das ich bis dahin erlebt hatte. Die Spieler wurden fast die ganze Strecke der Lake- und dann der Ickerner Straße bis zum Vereinslokal Schmidt auf den Armen und Schultern getragen. So ausgelassen freudig hatte ich die Erwachsenen in so großer Menge noch nie gesehen. Das Erringen dieses Titels war bisher in Castrop-Rauxel noch keinem Fußballverein gelungen, und das war eine große Sensation.

Klaus-Dieter Tovenrath

1950er Jahre

Mittellinie

Fußball wurde bei uns groß geschrieben. Damals konnte man noch zum Torwart laufen und auf den Eisenstangen ganz unten am Spielfeldrand sitzen. Man konnte auch noch während der Halbzeit die Kurve wechseln, was wir regelmäßig taten. Dabei war klar, dass wir die Nordtribüne passierten und die Anhänger der Gäste die Südseite nahmen. Über die Aschenbahn liefen wir und winkten zu den Zuschauern auf der Tribüne. Es war eine richtige Zeremonie. Der mit der größten Fahne rannte immer zur Mittellinie, breitete die Fahne aus, kniete sich hin und verneigte sich drei Mal gen Mekka, wie ein Moslem. Tosender Beifall begleitete ihn. Der Eismann kam noch gut durch die Reihen, eine Holzkiste mit Stangeneis vor dem Bauch.

Lothar Gräfingholt

1950er Jahre

Glanzbilder mit und ohne Glimmer

Heute tauschen die Kinder Sticker und Bilder von Sportlern und Monstern, eben was gerade alles gesammelt wird. Ihre Erinnerungen an Mitschüler werden mit Fotos in Büchern wie „Meine Klasse oder meine Schulkollegen“ mit vorgedruckten Texten, der nur ergänzt werden muss, wach gehalten. Wir tauschten > Glanzbilder. Dafür wurde ein altes Schulheft genommen, die Seiten auf die Hälfte gefaltet, dazwischen lagen dann die Bilder, die aktuell waren. Da waren Blumen, Tiere, Blumenkinder, Engel mit und ohne Glimmer.

Sammlung Böcker

1950er Jahre

Das „Wunder von Bern“ an der Emscherquelle

„Toor! Toor! Toor!“ schreit Herbert Zimmermann, der berühmte Sportreporter der 50er Jahre, als Helmut Rahn in Bern den Siegtreffer zum 3:2 für Deutschland schießt. Wir waren aus den Nachbarschaften in die „Emscherquelle“ geströmt. Hauptsächlich natürlich Männer aller Altersgruppen, mit Jungen ab vier Jahren. Diese Wirtschaft am Hixterwald, unweit der eigentlichen Emscherquelle, hatte in jener Zeit den einzigen Fernseher weit und breit. Er stand etwas erhöht auf einer Eckkonsole, für alle gut sichtbar. Der Saal war brechend voll. Mit Mühe und Not kam die Bedienung durch die Reihen, um das Bier zu servieren. Es floss in Strömen. Geraucht wurde fast in Kette, was natürlich der guten Sicht nicht gerade förderlich war. Puskas und seine Mitstreiter legen in der sechsten und achten Spielminute ein schockierendes 0:2 vor. 31 Länderspiele hat Ungarn in den letzten vier Jahren ausgetragen und wurde nie besiegt. Es sind keine zwei Minuten vergangen, da schreien wir auf vor Begeisterung! Max Morlock erzielt den Anschlusstreffer zum 1:2. Der Kampf läuft ausgeglichen weiter. In der 18. Minute kennt dann der Jubel keine Gren-

Spielende Kinder an der Elisabethstraße in Obercastrop, 1970er Jahre, Foto: Helmut Orwat

zen: Rahn schießt den Ausgleich nach Kopfballvorlage von Morlock. Nun ist wieder alles drin. Die erste Halbzeit geht mit temporeichem, kampfbetontem Spiel zu Ende. Für die zweite Hälfte hat Ungarn umgestellt. Die Betonung liegt auf „Sturm um jeden Preis". Liebrich, Posipal und Turek steigen über sich hinaus. Fritz Walter kurbelt das Spiel seiner Mannen unermüdlich an. Trotzdem haben wir brenzlige Situationen zu überstehen. Kohlmeier rettet auf der Linie mit dem Kopf. Meine Gefühle in dieser brodelnden Masse Fußballverrückter, im Saal der „Emscherquelle", spüre ich auch jetzt noch nach 52 Jahren. Zum Teil wildfremde Männer schreien mich an, schreien durcheinander, johlen vor Begeisterung, ächzen und stöhnen vor Dramatik. In dem Hexenkessel bin auch ich nur ein Teil, ein Mitleidender, ein Mitjubelnder der Masse. Diese wildwogende Gefühlslage erfährt ihren befreienden Höhepunkt in der 85sten Spielminute. Helmut Rahn schießt nach Vorlage von Schäfer in die lange Ecke zum 3:2-Siegtreffer. Ich schreie mit, ich lache mit, ich freue mich. Ich erfahre zum ersten Mal in meinem Leben ein über die Familie hinausgehendes überschwängliches Gemeinschaftsgefühl.

Wilhelm E. Cramer

1950er Jahre

Saure Rolle

Nach dem Wunder von Bern gab es bei uns „Saure Rolle". Das war in Bauchfleisch eingewickeltes Mett, noch vom eigenen Schlachten, das dann in Einweckgläser zugekocht wurde, um es lange haltbar zu machen. Es war eine Delikatesse für uns. Dazu tranken wir zur Feier des Tages eine ganze Flasche Dunkelbier.

Klaus-Dieter Tovenrath

1960er Jahre

Mutproben

Wenn im Hafen nicht gearbeitet wurde und keine Lastkähne unter den Kränen lagen, bin ich, nachdem ich mich noch einmal vergewissert hatte, dass mein Vater nicht am Fenster stand, den anderen hinterher auf den Kran geklettert. Als ich dann nach unten sah, bekam ich ganz schönen „Bammel", aber dann ist einer von uns gesprungen und wir anderen hinterher. Wenn sich im Sommer der Himmel verdunkelte und schon ein Donnergrollen zu hören war, musste ich nach Hause gehen. Dort habe ich vom Fenster aus die Blitze beobachtet und konnte es kaum abwarten bis das Gewitter vorbei war, um dann so schnell wie möglich in den Kanal zu springen, denn nach einem Gewitter war das Wasser schön warm.

Hans Smieja

1960er Jahre

Schlittenfahren

Sobald genug Schnee zum Schlittenfahren gefallen war, holte mein Vater den Schlitten aus dem Stall, und die Böschung vom Kanal weg wurde zur Rodelbahn. Der Schnee war nur so lange weiß, bis Staub oder dicke, fettige Rußflocken ihn schwarz färbten. Auch mit der Bekleidung war es nicht so einfach, denn spätestens nach einer Stunde im Schnee waren die Schuhe und die Bekleidung nass, und ich musste nach Hause, um trockene Sachen anzuziehen. So war der Rodelspaß begrenzt, weil nur zwei Paar Schuhe und auch nur wenig Winterzeug vorhanden waren.
Es dauerte einige Zeit, bis die nasse Bekleidung über dem Küchenherd wieder trocken war. Damit es schneller ging, wurden die Schuhe auch schon einmal in den Backofen gestellt.

Hans Smieja

1960er Jahre

Kanaldamm

An Sonntagen im Sommer war der Kanaldamm mit Menschen belegt, Jung und Alt tummelte sich im Wasser oder mit Ballspielen auf dem Damm. Zur Mittagszeit gab es Kartoffelsalat, Fleischwurst, Bier und Limonade.

Straßenfest in Herne, 1970er Jahre, Foto: privat

Ein Eisverkäufer auf einem Fahrrad, an dem eine Kiste befestigt war, verkaufte für 20 Pfennig Eis am Stiel. An solchen Tagen durfte ich länger draußen bleiben, denn wenn die meisten Leute weg waren, suchte ich nach leeren Flaschen, um mit dem Pfandgeld Süßigkeiten und Eis zu kaufen.

Während der Sommerferien war ich mit den anderen Jungs von morgens bis abends am oder im Kanal, nur vom Mittagessen und wenn es sich nicht vermeiden ließ durch den Gang aufs Klo unterbrochen. Wir suchten beladene Schiffe aus, die tief im Wasser lagen und so das Erklettern leichter machten und fuhren dann bis zur „Warmwasserquelle" (Kokerei Nordstern) oder zum Essener Stadthafen mit. Es kam auch schon mal vor, dass wir die Fahrt unterbrechen mussten, weil der Schiffer oder sein Hund uns über das Schiff jagte, bis wir wieder ins Wasser sprangen. Zur Abschreckung wurden manche Schiffe an den Seitenwänden öfter geteert, so dass unsere Hände voll Teer waren und wir das Klettern bleiben ließen. Zuhause versuchten wir die Hände mit Margarine und einem Bimsstein sauber zu bekommen.

Hans Smieja

Neubausiedlung in Essen-Überruhr, 1960, Foto: Marga Kingler, Fotosammlung Ruhr Museum

WOHLSTAND

„Ein Lebenstraum meiner Eltern."

Von 1945 bis 1955 konnte die Produktion im Ruhrgebiet etwa vervierfacht werden und die Montanindustrie wurde zum tragenden Wirtschaftspfeiler der gesamten Bundesrepublik Deutschlands. 1957 lief die Wirtschaft im Ruhrgebiet mit 994.000 Beschäftigten in den traditionellen Produktionsbereichen auf Hochtouren. Zwar schwächte sich der Boom des Wiederaufbaus ab 1964 langsam ab – die Kohlekrise hatte bereits in den späten 1950er Jahren mit den ersten Zechenstilllegungen begonnen –, doch die Region belegte im deutschen Vergleich bis in die 1970er Jahre hinein eine Spitzenposition, gemessen am Durchschnittsverdienst.

1920er Jahre

Kruppscher „Bazar"

In meiner Kindheit fuhr ich öfter mit unserer Mutter zur Stadt, zum Einkauf. Die Linie 7 auf der Margarethenhöhe fuhr damals vom Brückenkopf ab, die Holsterhauser Straße entlang, über den Beiseweg runter bis zur Essener Innenstadt. An der Limbecker Straße oben war das Kaufhaus Cramer & Meermann. Dort besuchten wir meine ältere Schwester, die dort Verkäuferin war. Es war das große Kaufhaus für feine Wäsche und Gardinen usw. Dann gingen wir die Limbecker Straße runter, wo man beim Kaufhaus Karstadt auskam. Von dort aus ging man dann weiter nach hinten, wo heute die drei Türme stehen und das Kolosseum, über die Altendorfer Straße zur Ostfeldstraße. Da, wo heute das Arbeitsamt ist, standen die Kruppsche Konsumanstalt und der Kruppsche „Bazar", ein großes, modernes Kaufhaus. Dort gab es alles – und ganz Essen war unterwegs zum besonderen Einkauf im „Bazar". In der oberen Etage war ein prächtiges Restaurant mit großen Fensternischen. Die Sitzbänke waren bezogen mit braunen, weichen Lederpolstern – auch die Rückseite – und man konnte sich bei Kaffee und Kuchen oder Eis wohlig anlehnen.

Von den Fenstern aus konnte man von oben die Altendorfer Straße und den Limbecker Platz sehen. Auf dem ganzen Gelände, dort wo heute IKEA ist, war die Kruppsche Konsumanstalt mit den Vorratslagern und seinen Lebensmitteln, Fleischwaren usw. – sowie auch ein großer, tiefgekühlter Butterkeller. Von dort aus wurde der Kruppsche Konsum in dem jeweiligen Stadtteil beliefert.

Klara Felmede

1950er Jahre

Versetzung und Heilige Kommunion

Zeugnisse – wenn es um die Versetzung ging, wurde immer sehr viel bewegt! Vor allem von Eltern versetzungsgefährdeter Schüler. Bei so einer „Bewegung" habe ich auch mal mitgeholfen. Meine Straßenkumpel brachten einen ganzen Nachmittag lang per Handwagen eine ganze Tonne Kohlen von der Lake- zur Friedrichstraße, wo unser Lehrer wohnte. Bergleute bekamen die Kohlen damals als Deputation der Zeche, die Lehrer mussten ihr Brennmaterial aber teuer kaufen. Diese, von uns transferierte Kohle, kostete nichts. Mein Kumpel Henna wurde dann in die höhere Klasse versetzt.

Weißer Sonntag 1955 – Ich durfte heute zum ersten Mal das Fest der heiligen Kommunion feiern und war dann richtig in die „Gemeinschaft der Gläubigen" aufgenommen. Meine beiden Paten hatten mich eingekleidet, denn damals waren gerade solche Sachen noch sehr teuer. Von Richard hatte ich einen dunkelblauen Kommunionanzug, längere Jacke und kurze Hose, von Bleyle, geschenkt bekommen. Ich durfte

Statussymbol Motorrad, Foto: privat

mir den mit Mutti in Habinghorst selbst aussuchen und zwar in dem Laden, in dem Inge, Richards Frau, Verkäuferin war. Schuhe kauften wir bei Ingenpass in Ickern. Schwarze, glänzende Schnürhalbschuhe, aber keine Lackschuhe! Dazu kamen dann noch zwei Paar neue, weiße Kniestrümpfe und ein weißes Sporthemd.

Klaus-Dieter Tovenrath

1950er Jahre

Roller mit Beiwagen

Draußen ertönte eine Hupe. „Das ist Vati", rief ich, sprang wie elektrisiert hinterm Küchentisch vor und stürmte nach draußen. Die Haustür aufgerissen und „Boah!" – Vati saß auf seinem „Roller"! Mein Gott, war das ein Traum! Schwarz die Grundfarbe, mit knallrotem Doppelsitz und Beiwagenabdeckung, und ebenfalls rot abgesetzten Ansätzen der einzelnen Konstruktionsteile. Mensch, war das ein Schmuckstück! Vorher im Katalog hatte der gar nicht so toll ausgesehen. „Komm, setz dich mal rein, wir drehen mal eine kleine Runde", rief Vati mir stolz zu. Ich sofort nichts wie rein in den Beiwagen. Der hatte auch eine richtige Windschutzscheibe wie Vati vorn am Lenker, in richtig groß. Nun kam auch Mutti, gab Vati erst mal einen Kuss und wünschte ihm allzeit gute Fahrt.

Klaus-Dieter Tovenrath

1960er Jahre

Bungalow

Weihnachten 1960 zogen wir in einen Bungalow. Die Wohnung ging über zwei Etagen und war für unsere Verhältnisse riesig, obwohl es nur zwei große Zimmer, ein kleineres und eine winzige Küche gab. Dafür war das Badezimmer mit rosa Kacheln größer als die Küche. Das kleinere Zimmer musste ich mir mit meiner Oma teilen. Ich sammelte Bierdeckel und nagelte sie über meine Liege. Meine Oma kaufte sich einen Teakholzschrank und ein neues Bett passend dazu. Im Wohnzimmer hatten wir eine pastellfarbene Veloursgarnitur, Sessel und Couch in unterschiedlichen Farben und einen Perserteppich. Auf dem Werk ließ mein Vater eine Haube fertigen, die wir über dem Ofen anbrachten, so sah es aus wie ein offener Kamin, ein Lebenstraum meiner Eltern; einen echten offenen hatten nur die wirklich Reichen. Vor der Küche war Platz für einen Klapptisch, den Papa selbst baute. An ihm aßen wir vier.

Lothar Gräfingholt

1960er Jahre

Kortum

Milch gab es regelmäßig, wenn ich mit bei Kortum war. Dort gab es zwei Möglichkeiten zu essen: im Erfrischungsraum oder ganz oben im Stehen. Der Erfrischungsraum war der erste in Bochum. Dort spielte nachmittags ein Klavierspieler, und die Servierfräulein hatten kleine weiße Schürzen, worunter sie ihren Geldbeutel sitzen hatten, und gestärkte weiße Spitzen im Haar. Der Ober trug einen schwarzen Anzug. Das Kännchen Kaffee gab es in einer ganz schweren Silbergarnitur mit kleinem Sahnekännchen, und die Eisbecher waren genauso schwer. Oma aß zum Kännchen Kaffee immer ein Stück Kuchen und ich bekam ein Eis. Zu trinken gab es dann nichts, weil man auf Eis weder Wasser noch Milch trinken konnte, weil man davon Bauchweh bekommen sollte. Deshalb ging ich auch genauso gern ganz nach oben. Hier gab es die besten Würstchen der ganzen

Die erste Urlaubsreise nach Holland an die See, 1960er Jahre, Foto: privat

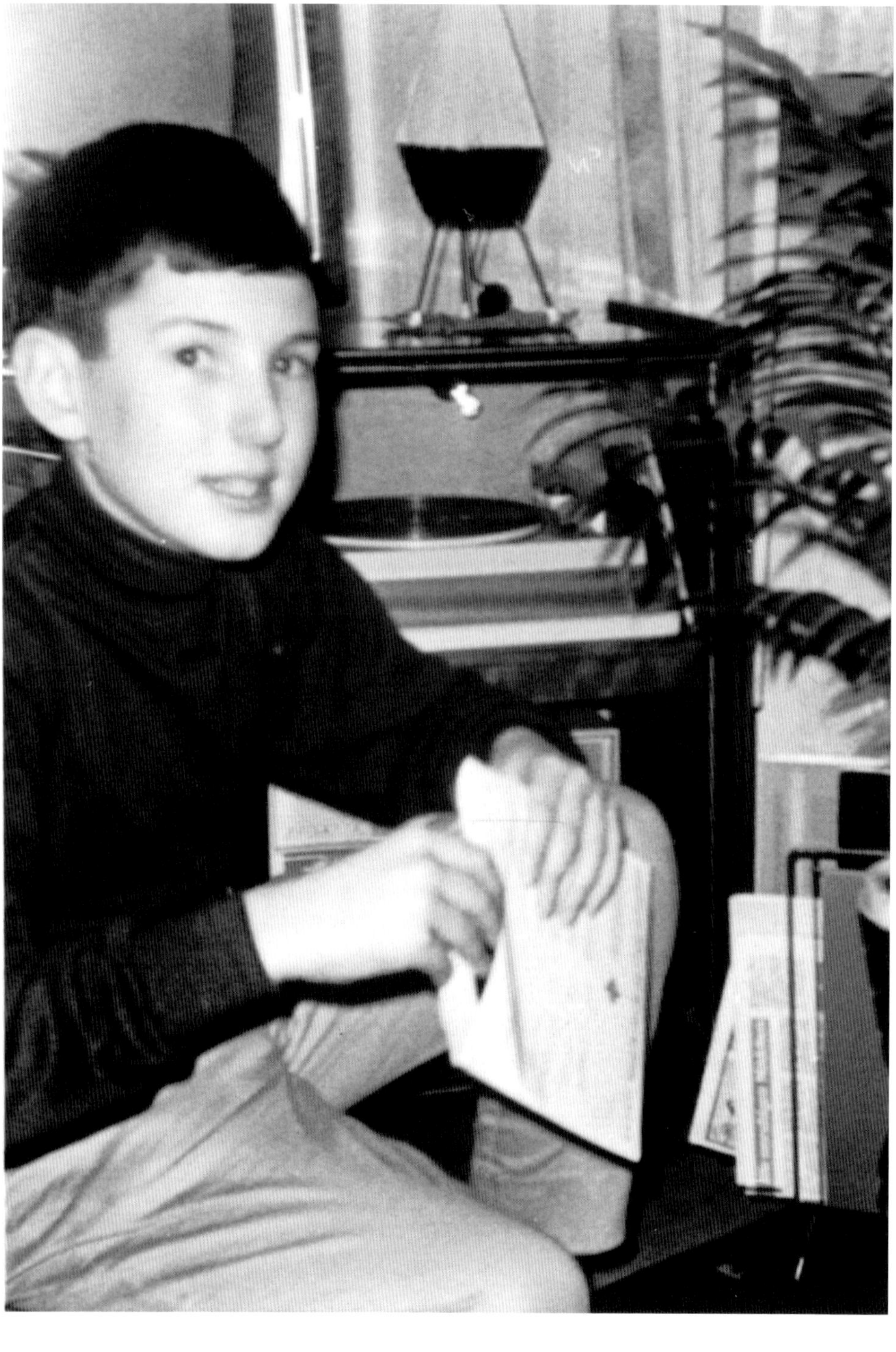

Stadt und die leckerste Milch: Vollmilch oder Erdbeermilch, der weiße Becher für zehn oder zwanzig Pfennige. Die Stehtische hatten eine Platte in der Höhe für die Erwachsenen und eine in Kinderhöhe und darunter war der Abfall. Die Dörffler-Würstchen waren ein Gedicht. Lang, nicht zu dick, knackig und man bekam sogar Löwensenf dazu.

Lothar Gräfingholt

Der Stolz der Familie: ein Opel-Kadett, Foto: privat

1960er Jahre

Wohnzimmer mit Gasheizung

Im Herbst 1961 bezogen wir eine Etagen-Neubauwohnung, wie es damals hieß. Große Küche, Wohnzimmer, Schlafzimmer, gefliestes Bad mit Spülklosett, Heizstrahler. Ich bekam mein erstes eigenes Zimmer. Eingerichtet mit gesammelten Gebrauchtmöbeln, aber mein eigenes Reich. Herrlich! Die Küche wurde im Winter mit einem Heizlüfter gewärmt, das Wohnzimmer mit einer Gasheizung. An den Fenstern der anderen Zimmer wuchsen damals Eisblumen, weil es dort nichts gab, mit dem man die Zimmer hätte heizen können.

Warmes Wasser gab es nur im Bad. In der Küche wurde es zum Spülen auf dem E-Herd – auch eine Supererrungenschaft – heiß gemacht. Gespült wurde allerdings immer noch in einer Plastikschüssel, die für diesen Zweck in den altbewährten Spülstein gestellt wurde. Und – es gab einen Kühlschrank, in dem alle leicht verderblichen Waren aufbewahrt werden konnten. Somit blieb uns der Gang in den Keller, in dem wir früher in der Zechenwohnung verderbliche Lebensmittel aufbewahrten, erspart.

Birgit Michaelsen

Die erste Schallplatte von den Rolling-Stones, „I can't get no satisfaction", Foto: privat

Kindergeburtstag auf der Hollywood-Schaukel, 1960er Jahre, Foto: privat

1960er Jahre

Führerschein

Manche der Nachbarn, insbesondere Lohmanns, durften nicht wissen, dass Papa Führerschein machte. Er hätte ja durch die Prüfung fallen können und man hätte sich blamiert. So ging Papa immer zur Fahrschule und begann dort seine Fahrstunde und ließ sich dort auch wieder absetzen. Die theoretischen Fragen büffelte die ganze Familie und auch Mama und ich hätten diese Prüfung geschafft. Papa war über dreißig, als er den Führerschein machte und alle meinten, er hätte viele Stunden machen müssen, weil er schon so alt wäre. Tatsächlich war er stolz, dass er gerade mal 10 Stunden brauchte.

Lothar Gräfingholt

1960er Jahre

Diaabend

Mit Papas neuer Kamera konnte man > Dias machen. Er verwendete viel Zeit mit Einrahmungen. Es mussten Glasscheiben genommen werden, weil der Projektor kein Gebläse hatte. Zwischen die Glasscheiben kam das Passepartout, welches auf der einen Seite schwarz, auf der anderen weiß war. Die Glasscheiben mussten erst gründlich gereinigt werden, zunächst mit einem Leder, dann mit einem weißen Baumwolltuch, kein Flüschen durfte mehr zu sehen sein; die Gläser wurden auf die Pappschachteln der Presse gelegt, dann wurde das abgeschnittene Dia zwischen das Passepartout geklemmt, die richtige Seite zur weißen Fläche. So konnte die eine Scheibe vorsichtig mit zwei Fingern an den Rändern gefasst und aufgelegt werden, dann wurde beides auf die zweite Seite gelegt. Das halbfertige Dia wurde nun vorsichtig in eine Presse geklemmt, um so vier Klebestreifen an den Seiten aufzukleben, drei mit zwei schwarzen Seiten, einer mit einer weißen und einer schwarzen Seite. Wenn vorher alles richtig gemacht worden war, dann erschien das Bild richtig und groß und fusselfrei auf der Leinwand oder, wenn wir keine Lust hatten diese aufzustellen, auf dem Betttuch, das Mama dann mal schnell aus dem Schrank holte.

Lothar Gräfingholt

GLOSSAR

8,8 Geschütze: Flugabwehrkanonen im Zweiten Weltkrieg.

Adolffrisur: eine Jungenfrisur wie sie Adolf Hitler trug; seitlich kurz rasiert, oben länger mit Seitenscheitel und meist mit Pomade nach hinten gekämmt.

AFN, Radio Luxemburg und UKW: Mit dem amerikanischen Soldatensender AFN (American Forces Network), dem britischen BFBS (British Force Broadcasting System) und mit Radio Luxemburg bot sich Jugendlichen in der westdeutschen Nachkriegszeit die einzige Möglichkeit, aktuelle, internationale Popmusik zu hören. UKW ist die Abkürzung für „Ultrakurzwelle", die das sehr eingeschränkte Frequenzspektrum der bundesdeutschen Sendeanstalten ab 1950 erweiterte und die Ausbildung von zusätzlichen Programmprofilen ermöglichte.

Am Anfang war es Sünde: Literaturverfilmung von 1954 nach der Vorlage von Guy de Maupassant; Inhalt: Bäuerliches Drama um eine Magd, die zunächst die Geliebte des Knechts und dann die Herrin des Hofes wird. FSK: ab 18.

Angelina Monti: eine 1941 geborene Schlager- und Jazzsängerin mit italienischen Wurzeln.

Arkadia, Dellbrügge, Lichtburg: Kinos in Essen, von denen es heute noch die Lichtburg gibt.

Ausländische Nachrichten: Mit Kriegsausbruch am 1. September 1939 trat in Deutschland die „Verordnung über außergewöhnliche Rundfunkmaßnahmen" in Kraft, die das Hören ausländischer Sender verbot. Zuwiderhandlungen wurden mit drakonischen Strafen bis zu drei Jahren Zuchthaus geahndet. Auf die Verbreitung von Nachrichten ausländischer Sender stand „in besonders schweren Fällen" die Todesstrafe.

Backenfutter: Spannvorrichtung zum Befestigen eines Werkstücks in Werkzeugmaschinen.

BDM: Abkürzung für Bund Deutscher Mädel, dem weiblichen Zweig der Hitler-Jugend, in der seit dem Gesetz vom 1. Dezember 1936 alle Mädchen zwischen 10 und 18 Jahren, sofern „arisch und erbgesund", zwangsweise organisiert waren.

Beatles: (1960–1970), die kommerziell erfolgreichste Band der Popgeschichte.

Becke: siehe Köttelbecke.

Bill Haley: (1925–1981), ein US-amerikanischer Rock 'n' Roll-Sänger; bei seinen Auftritten in Hamburg, Essen und Berlin kam es zu Ausschreitungen, die zu den so genannten „Halbstarken-Krawallen" führten.

Billy Jenkins, Tom Prox und Pet: zwischen 1951 und 1958 im Uta-Verlag erschienene Western-Heftromane und Leihbuchreihen. Die Hefte mit blauen Umschlägen wurden meist über Kioske verkauft oder über kleine private Leihbüchereien ausgeliehen.

Bleyle-Anzug: Die von Wilhelm Bleyle 1889 in Stuttgart gegründete Firma war in der ersten Hälfte des 20. Jahrhunderts einer der größten deutschen Hersteller von Strick- und Wirkwaren. Bis in die 1950er Jahre trugen sehr viele Jungen zu ihrer Kommunion einen Bleyle-Anzug aus Strickstoff, der an eine Matrosenuniform erinnerte.

Blues Band: seit 1979 spielt die britische Band in der Besetzung Gesang und Mundharmonika, Gitarren, Bass, Schlagzeug Blues, R&B und Rock.

„Blut und Ehre“ und „Gott mit uns“: Während „Blut und Ehre“ eine nationalsozialistische Parole war, die heute verboten ist, wurde „Gott mit uns“ vom 18. Jahrhundert bis in die 1970er Jahre vor allem vom Militär verwendet. Während des Zweiten Weltkriegs trugen die Wehrmachtssoldaten den Spruch auf ihren Koppelschlössern.

BOGESTRA: ist die Abkürzung von „Bochum-Gelsenkirchener Straßenbahnen AG“, einem kommunalen Verkehrsunternehmen, das 1896 von den Städten Bochum und Gelsenkirchen sowie der Siemens & Halske AG in Berlin gegründet wurde.

Bombentrichter: nach den Flächenbombardements unzählige, meist kreis- und trichterförmige Senken im Boden der Ruhrgebietsstädte, vergleichbar mit vulkanischen Explosionskratern; sie entstanden durch den extremen Explosionsdruck unter der Bombe, der das Erdreich zu den Seiten und nach oben hin verdrängte.

Bullenkloster: umgangssprachliche Bezeichnung für eine Sammelunterbringung alleinstehender männlicher Betriebsangehöriger und Auszubildender, vor allem im Ruhrbergbau.

CARE-Pakete: Die Hilfsorganisation CARE („Cooperative for American Remittances to Europe“) wurde am 27. November 1945 von 22 Wohlfahrtsverbänden in den USA gegründet. Die ersten CARE-Pakete für die amerikanische Besatzungszone trafen 1946 ein, die meisten davon waren von US-Bürgern für Verwandte. Ab März 1947 stellte CARE selbst Pakete zusammen. Der Nährwert eines Standardpakets betrug etwa 40.000 Kilokalorien, eine gigantische Summe in einer Zeit, in der rechnerisch von den Behörden der britischen Zone um die 1.000 Kalorien pro Person und Tag ermittelt wurden.

Caro-Kaffee: ein seit 1954 löslicher Ersatzkaffee aus Getreide.

Christbäume: Im Zweiten Weltkrieg markierten vor den Luftangriffen der alliierten Bomber spezielle Pfadfinder-Flugzeuge das Zielgebiet mit weißen, roten und grünen Leuchtkörpern. Die Bevölkerung bezeichnete diese an Fallschirmen langsam niederschwebenden Leuchtbomben auch als „Christbäume".

Chubby Checker: ein 1941 geborener US-amerikanischer Rock ‚n' Roll-Sänger, der mit zahlreichen Twist-Hits in die Charts und in die westdeutschen Tanzschulen kam.

Conti-Schicht: In vielen Industriebetrieben wird wöchentlich sieben Tage zu 24 Stunden gearbeitet, also kontinuierlich. Damit sollen energie- und kostenintensive An- und Abfahrvorgänge vermieden werden. Die damit verbundene Schichtarbeit – sieben Tage, dann zwei Tage frei, dann Schichtwechsel sieben Tage, wieder zwei Tage frei etc. – gehört arbeitsmedizinisch zu den gesundheitsschädlichsten Arbeitsformen.

CVJM: Der Christliche Verein Junger Menschen (CVJM) ist heute mit über 45 Millionen Mitgliedern die weltweit größte Jugendorganisation. Er ist überkonfessionell christlich und international bekannt unter dem englischen Namen Young Men's Christian Association (YMCA). Bereits 1883 war der erste deutsche Verein mit dem Namen „Christlicher Verein junger Männer" (CVJM) in Berlin gegründet worden.

„Dä hät Schmach wie en Plackenheuer": Plattdeutsch (mittelniederdt.), in etwa: Der hat Hunger wie ein Torfstecher (Torfstechen als Sinnbild für schwere körperliche Arbeit).

Deele: Diele; Verbindungsraum hinter dem Haus-/Wohnungseingang

Deputatkohle: Aktive Bergleute erhalten bis heute einen (geringen) Anteil ihres Lohns in Form von Kohle. Ab Januar 2019 wird diese in monetäre Energiebeihilfe umgewandelt. Rentner und Bergarbeiterwitwen erhielten im Sommer 2015 eine individuell berechnete einmalige Abfindung.

Dia: In der zweiten Hälfte des 20. Jahrhunderts fand der Diafilm massenhafte Verbreitung, da man mit ihm preisgünstig Farbbilder mit hohem Kontrastumfang herstellen konnte. Der Diaabend steht eng in Zusammenhang mit dem beginnenden Massentourismus, der dank des steigenden Realeinkommens in den 1960er Jahren für immer größere Schichten möglich wurde.

Diakonisse: eine Frau in einer evangelischen Lebens-, Glaubens- und Schwesterngemeinschaft, die in der Diakonie tätig ist.

Einer- und Zehnerlaufwerk: Zunächst konnte nur eine Schallplatte aufgelegt werden, dann wurde ein Plattenwechselsystem entwickelt, bei dem bis zu zehn Schallplatten automatisch hintereinander abgespielt werden konnten.

Elvis Presley: (1935–1977) ist einer der wichtigsten Vertreter der Popkultur des 20. Jahrhunderts.

Emschergenossenschaft: Die Emschergenossenschaft wurde am 14. Dezember 1899 als erster deutscher Wasserwirtschaftsverband gegründet. Waren früher die Kanalisierung der Emscher und Maßnahmen zur Gewässerregulierung ihre Hauptaufgaben, so liegen diese heute in der Entwässerung der Emscherregion, der Abwasserreinigung, dem Hochwasserschutz und der Renaturierung der Emscher.

Entlausen: eine Hygienemaßnahme an Personen, Kleidern und Gegenständen, um vor allem das Ausbreiten von Fleckfieber einzudämmen. Das Fleckfieber ist eine Infektionskrankheit, deren Erreger sich im Magen-Darm-Trakt von Läusen vermehren und durch die Kleiderlaus, weniger durch die Kopflaus, auf Menschen übertragen wird. Fleckfieber ist eine Begleiterscheinung von Hunger, Krieg, Kerker und schlechten hygienischen Verhältnissen.

Escorial 56 Prozent: ein grüner Kräuterlikör, der auch heute noch getrunken wird; er ist bekannt für seinen außergewöhnlich hohen Alkoholgehalt von 56 Prozent.

Euthanasie: das Wort, griechisch in etwa „schöner Tod", verschleierte den Massenmord an vermeintlich körperlich und geistig Behinderten während des Nationalsozialismus; etwa 300.000 Menschen wurden in geheim geführten Tötungsaktionen umgebracht.

Filme über die Konzentrationslager: Die Amerikaner versprachen sich von Filmen über die nationalsozialistischen Massenmorde Impulse für eine Umerziehung der Deutschen. Die englische Filmpolitik war an diesem Instrument zur Beeinflussung des Publikums und zur ideologischen Entnazifizierung nicht weiter interessiert, zeigte jedoch 1945 in dem Film „Atrocities – the Evidence" („Gräueltaten – der Nachweis") Aufnahmen von den unbeschreiblichen Zuständen in den Konzentrationslagern Buchenwald und Bergen-Belsen.

Flakhelfer: Die Jugendlichen zwischen 16 und 18 Jahren, die ab 1943 im Deutschen Reich zum Einsatz an den Flugabwehrkanonen, kurz Flak genannt, verpflichtet wurden, waren Oberschüler der Jahrgänge 1926 bis 1928, ab 1944 auch Mittelschüler und Lehrlinge aus nicht kriegswichtigen Betrieben.

Frauenhilfe: ein Frauenverband innerhalb der Evangelischen Kirche Deutschland, gegründet 1899.

Fremdarbeiter: die Nationalsozialisten dehnten diesen, seit der Wende zum 20. Jahrhundert mit der Beschäftigung von Polen und Italienern im Deutschen Reich eingeführten Begriff im Laufe der Jahre immer weiter auch auf jene Arbeitskräfte aus, die mit Gewalt zum Einsatz ins Deutsche Reich verschleppt und zur Arbeit gezwungen wurden. Der Begriff „Fremdarbeiter" wurde nach 1945 problemlos weiter verwendet, um angeworbene ausländische Arbeitskräfte zu bezeichnen. Er wurde um 1963/ 64 durch den Begriff „Gastarbeiter" ersetzt, der stärker den zeitlich begrenzten Aufenthalt der Arbeitskräfte betonen sollte.

Gestapo: Hermann Göring schuf im April 1933 in seiner Funktion als preußischer Innenminister eine als Geheime Staatspolizei (Gestapo) bezeichnete Organisation. Unter die Zuständigkeit der Gestapo fiel die systematische Bekämpfung von tatsächlichen oder vermeintlichen politischen Gegnern des NS-Regimes.

Gezähe: alle Arbeitsgeräte und Werkzeuge, die der Bergmann zur Arbeit benötigt.

Glanzbilder: farbige, als Bogen gedruckte und geprägte Bildmotive zum Sammeln und Ausschmücken von Briefen und Poesiealben. In einer besonders edlen Variante sind sie mit Glimmer versehen.

Glenn Miller, Benny Goodman, Duke Ellington und Louis „Satchmo" Armstrong: Musiker und Orchesterleiter, die mit ihrem Hot-Jazz und Swing-Jazz im Nationalsozialismus als „entartet" galten. Nach 1945 stand diese Musik für das Ende des totalitären Systems.

Grubenausbau: alle Arbeiten im Bergbau, die mit der Abstützung oder Verfestigung des Gesteins sowie der Sicherung von Tunneln oder Stollen zusammenhängen.

Grüne Minna: Bezeichnung für ein Polizeiauto, das zwischen 1948 und 1974 in Nordrhein-Westfalen in Tannengrün lackiert war. Laut Duden geht die Bezeichnung „Minna" zurück auf die Redewendung „jemanden zur Minna machen", d. h. „jemanden hart und unverhältnismäßig tadeln", wobei „Minna" als Kurzform von Wilhelmine als typischer Dienstmädchenname zu verstehen ist.

GRUGA: Abkürzung für „Große Ruhrländische Gartenbauausstellung", die 1929 in Essen stattfand und die die Geschichte des heutigen Grugaparks begründete.

Harrry James: amerikanischer Jazztrompeter und Bandleader (1916–1983) der Swing-Ära; 1944 komponierte er mit Duke Ellington „I'm Beginning to See the Light", das in Deutschland dem Lebensgefühl der jungen Generation nach dem Totalitarismus Ausdruck verlieh.

Hazy-Osterwald-Sextett: die Band wurde 1944 von dem Schweizer Sänger, Komponisten, Arrangeur und Orchesterleiter Rolf Erich Osterwalder (1922–2012) gegründet; das Sextett spielte die Sound-Tracks des Wirtschaftswunders wie „Kriminaltango" (1959) und „Konjunktur-Cha-Cha" (1961).

Heiliger Rock: Der Heilige Rock ist eine Reliquie im Trierer Dom, die Fragmente der Tunika Jesu Christi enthalten soll und urkundlich erstmals am 1. Mai 1196 erwähnt wurde. Zur Ausstellung im Jahr 1959 gab die Deutsche Post eine Sondermarke heraus. In diesem Jahr kamen 1,8 Millionen Pilger nach Trier.

Hitler-Junge: siehe HJ-Dienst.

HJ-Dienst: Mit dem Gesetz vom 1. Dezember 1936 und dem Gesetz zur Jugenddienstpflicht vom 25. März 1939 wurde die HJ – die Hitler-Jugend – für alle Jugendlichen ab 10 Jahren, sofern sie „arisch und erbgesund" waren, eine staatliche Erziehungsinstanz. Die Organisation der HJ gliederte sich in „Deutsches Jungvolk" und „Hitler-Jugend" (HJ) für die männlichen Jugendlichen, in „Jungmädel" und „Bund Deutscher Mädel" (BDM) für die weiblichen Jugendlichen. Zwei Mal wöchentlich mussten Dienste abgeleistet werden, die der weltanschaulichen und militärischen Schulung dienten sowie gemeinwohlorientierte Arbeiten wie das Sammeln von Altmetall oder Spenden für das Winterhilfswerk umfassten.

Höhensonne mit Kalktabletten: diese Kombination wurde noch Anfang der 1960er bei Rachitis oder zur Vorbeugung dieser Kinderkrankheit verordnet. Rachitis trat bei schlechter Ernährung und Lichtmangel auf und bewirkte Wachstumsstörungen mit Knochenverformungen.

Ian Hunter: 1939 als Ian Hunter Patterson in Oswestry, Shropshire, England geboren, war von 1969 bis zu deren Auflösung 1974 Lead-Sänger der Band „Mott the Hoople"; seit der Auflösung der Band arbeitet Ian Hunter als Solokünstler.

„In Schonnebeck bei Drees": die Bergmannskneipe Drees lag in Essen-Schonnebeck wenige Schritte von Zollverein Schacht 3/7/10 entfernt; nach „Haus Drees" war auch eine Straßenbahnhaltstelle benannt.

Jauchegrube: Gruben hinter den Häusern, in denen Kot und Urin der als Nutztiere gehaltenen Schweine und Ziegen gesammelt wurde. Es waren zum Teil offene Gruben neben einem Misthaufen.

Joan Armatrading: *1950, ist eine in Großbritannien lebende Singer-Songwriterin, die stilistisch beim R&B, Rock und Folk begann und ihre Musik durch Elemente aus Jazz und Reggae bis heute weiter entwickelt.

Jochen-Brauer-Sextett: die Band wurde von dem 1929 geborenen Joachim Brauer gegründet und war seit Ende der 1950er Jahre durch die musikalische Begleitung von Fernsehsendungen und Spielfilmen bekannt.

Kamplade: Gaststätte in Herne auf der Feldkampfstraße.

Kartoffelhorde: Kiste zum Lagern von Kartoffeln, die als Vorrat eingekellert wurden.

Kerzen als Gedenken an die Kriegsgefangenen in Russland: Wie auch jüngere Generationen spätestens seit Sönke Wortmanns Film „Das Wunder von Bern" (2003) wissen, stellten westdeutsche Familien in der Nachkriegszeit Kerzen ins Fenster, um ein Lichtzeichen für ihre

Kriegsgefangenen in Russland zu setzen. Die symbolträchtige Aktion geht zurück auf eine Anregung des Berliner Oberbürgermeisters Ernst Reuter. Später führte das im Jahre 1954 gegründete „Kuratorium Unteilbares Deutschland" die Kerzenaktion weiter, um an die „Brüder und Schwestern" im „anderen Teil Deutschlands" zu erinnern.

Kinderlandverschickung (KLV): Wegen der zunehmenden Bombenangriffe während des Zweiten Weltkrieges und der wachsenden Versorgungsprobleme in den Städten wurden rund 2,5 Millionen Jungen und Mädchen bis Kriegsende in ländliche Gebiete evakuiert. Die 10- bis 14-Jährigen wurden zumeist klassenweise in einem von etwa 9.000 Lagern untergebracht. Ihr Alltag war streng reglementiert, und viele Kinder litten unter Heimweh.

Kinks: The Kinks, gegründet 1964, gehören zu den erfolgreichsten britischen Bands der 1960er Jahre; ihr Hit „You Really Got Me" mit seinem unverwechselbaren Gitarrenriff gilt als Beginn des Hard-Rock.

Köttelbecke: damit ist die Emscher oder einer ihrer zahlreichen Zuflüsse gemeint; „Köttel" meint umgangssprachlich ein Ausscheidungsprodukt und da die Emscher als Kloake angelegt war, roch es dort nach Fäkalien – oder eben nach Köttel.

Kommunion: Die „Erstkommunion", umgangssprachlich „Kommunion", ist ein Fest, mit der in der katholischen Kirche der erste Kommunionsempfang eines Kindes gefeiert wird.

Komödiantenstadl: ein Fernsehformat, das 1959 von Olf Fischer in der Abteilung Unterhaltung beim Bayerischen Rundfunk als volkstümliche Familiensendung entwickelt wurde und bis heute produziert wird.

Koreakrise: aus der Krise wurde 1950 ein Krieg zwischen Nord- und Südkorea, dem weltweit ein Nachkriegsboom folgte, der so genannte Korea-Boom, der in Westdeutschland mitverantwortlich für das „Wirtschaftswunder" war.

KPD: Kommunistische Partei Deutschlands.

Kratzbank: Bezeichnung für das Leseband in Zechenanlagen, auf das die Kohlenwagen ausgeleert wurden; seitlich am Leseband standen Teilinvaliden und Bergjungleute, die das mitgeförderte Gestein aus den Kohlebrocken herauslesen mussten, eine schmutzige und wegen der gebückten Haltung anstrengende Arbeit.

Kriegsgefangenenlager in Cherbourg: Cherbourg ist eine Stadt in der französischen Normandie.

Lebensmittelkarten: Mit Kriegsbeginn 1939 wurde in Deutschland eine Zwangsrationierung für Fett, Fleisch, Butter, Milch, Käse, Zucker, Brot, Eier und Marmelade eingeführt. Diese Lebensmittel waren nur noch gegen Lebensmittelkarten erhältlich.

Die Lebensmittelkarten wurden in der Bundesrepublik Deutschland im Jahr 1950 abgeschafft.

Lire, Schilling: Vor Einführung des Euro am 1. Januar 2002 als Währung der Europäischen Wirtschafts- und Währungsunion hieß die österreichische Währung „Schilling", die deutsche „Mark", und in Italien bezahlte man mit „Lira". Urlaubsreisende mussten die unterschiedlichen Münzen und Scheine kennen und die Wechselkurse im Blick haben.

Luftschutzkeller: Luftschutzkeller und Luftschutzräume wurden als Zivilschutzmaßnahmen in Privathäusern und öffentlichen Gebäuden eingerichtet. An den Sockeln der Häuser wurden außen mit weißer, fluoreszierender Farbe die Abkürzungen LSK (Luftschutzkeller) oder LSR (Luftschutzraum) angebracht. In den seltensten Fällen schützte der Luftschutzraum oder -keller vor Volltreffern. Er schützte vor Trümmern, Bombensplittern, chemischen Kampfstoffen, Luftsog und Luftstößen.

Lynyrd Skynyrd: ist eine der bekanntesten Bands des Southern Rock, die seit den 1970er Jahren bis heute tourt; ihr bekanntestes Stück ist „Sweet Home Alabama". Die Band steht für weiße Südstaatenwerte des ehrlichen, harten Arbeiters, der abends nach Hause kommt, dem das Essen von seiner blonden Frau serviert wird und der dann ein Bier vor dem Fernseher trinkt. Die Band zeigt bis heute auf ihren Auftritten demonstrativ die Flagge der Konföderierten Staaten von Amerika, die international als Erkennungszeichen für rechte und rassistische Gesinnung gilt.

Magisches Auge: Seit Mitte der 1930er Jahre wurde in komfortablen Radiogeräten als Abstimmhilfe eine Röhre eingebaut, die aussah wie ein grünes magisches Auge.

Marilyn Monroe und Jane Russell: Die amerikanischen Filmschauspielerinnen Marilyn Monroe (1926–1962) und Jane Russel (1921–2011) spielten in dem Film „Blondinen bevorzugt" (Regie: Howard Hawks, 1953) junge, attraktive Frauen, die sich in Europa einen reichen Mann angeln wollen.

Marshall Tucker Band: gegründet 1971 in Spartanburg (South Carolina), war eine bekannte Southern-Rock-Band der 1970er Jahre.

Molly Hatchet: ist eine US-amerikanische Southern-Rock-Band, die sich 1974 gründete und bis heute tourt.

Monkees: die Monkees waren zwischen 1965 und 1969 eine US-amerikanische Beat-Band, die im Mittelpunkt der gleichnamigen Fernsehserie stand und mit einigen Hits erfolgreich war.

Musik ist Trumpf: eine Musikrevue mit Sketcheinlagen und Wunschkonzert-Charakter von ZDF, ORF und SRG, die von 1975 bis 1981 am Samstagabend live ausgestrahlt wurde; Peter Frankenfeld und später Harald Juhnke führten durch den Abend.

Neckermann: Josef Neckermann gründete im Jahr 1948 ein Textilunternehmen namens Neckermann KG und 1950 die Neckermann Versand KG in Frankfurt am Main. Später bestand das Sortiment aus über 700.000 Mode-, Haushalts-, Spielzeug- und Technikartikeln. 2012 meldete das Versandhandelsunternehmen Konkurs an.

Negerdorf: umgangssprachliche Bezeichnung für eine Zechensiedlung. Wenn die Zeche keine Waschkaue zur Verfügung stellte, wie zum Beispiel in Dortmund-Dorstfeld, dann mussten die Bergleute ungewaschen nach der Schicht nach Hause gehen – schwarz wie die Kohle.

Negermusik: in der Nachkriegszeit wurden mit diesem abwertenden Begriff vor allem Jazz und Rock ‚n' Roll als Bedrohung durch eine vermeintliche Amerikanisierung abgewehrt. In ihm lebten alle Elemente weiter, die die Nationalsozialisten zur Diskreditierung von Jazz verwendet hatten: die „Zuchtlosigkeit", die „Verlotterung und Verschlampung im musikalischen Ausdruck" und die „unanständigen Tanzformen".

Nickemohr, auch **Nickneger**: ein der Sammlung von Geldspenden für die Mission dienendes Gefäß in Gestalt eines schwarzafrikanischen Kindes mit beweglichem Kopf, der bei Einwurf eines Geldstücks eine nickende Bewegung macht.

Nordmende, Grundig, Loewe Opta: diese Marken stehen für Qualität und technische Innovationen bei Rundfunkempfängern, Fernseh- und Tonbandgeräten, Plattenspielern und den damit verbundenen Hi-Fi-Hörerlebnissen.

NSDAP: Nationalsozialistische Deutsche Arbeiterpartei.

NSDAP-Kreisführer: Die Kreisführer oder Kreisleiter der NSDAP waren nach den Gauleitern die wichtigsten Repräsentanten des NS-Regimes auf der regionalen Ebene.

NS-KLV: siehe Kinderlandverschickung.

Picasso, Van Gogh, Gauguin, Degas: diese Reihung bezeichnet Maler der Klassischen Moderne, die von den Nationalsozialisten als „entartet" diffamiert wurden, weil sie dem propagierten Malstil und Schönheitsideal nicht entsprachen.

Pomadenfrisur: Pomade ist ein geruchsintensives Fett für das Haarstyling. Pomadenfrisuren standen Ende der 1940er, Anfang der 1950er Jahre zusammen mit weißem T-Shirt, Lederjacke und Jeans für Coolness.

Quäkerspeisung, Schulspeisung: Die Quäkerspeisung war ab 1946 von dem „American Friends Service Committee" der britischen Quäker Peace and Social Witness zumeist als Hilfe an Kinder gerichtet. Zur Schulspeisung musste ein Topf in die

Schule mitgebracht werden, der in der Pause mit einer warmen Mahlzeit in Form von einem Suppeneintopf, Hafer- oder Grießbrei gefüllt wurde.

Reichsarbeitsdienst: Ab Juni 1935 musste jeder junge Mann im Reichsarbeitsdienst (RAD) eine sechsmonatige Arbeitspflicht im Rahmen des Arbeitsdienstes ableisten. Mit Beginn des Zweiten Weltkrieges wurde der Arbeitsdienst auch auf die weibliche Jugend ausgedehnt. Die Nationalsozialisten verstanden den RAD als Teil ihres Erziehungssystems und als Bestandteil der Wirtschaft.

Riemenschneider, Ernst: Der 1900 in Bochum geborene Sohn eines Bergmanns trat 1926 der NSDAP bei und war während dessen zwölfjähriger Herrschaft kaufmännischer Direktor und Vorstandsmitglied der Bochum-Gelsenkirchener Straßenbahnen AG.

Rolling Stones: Die 1962 gegründete britische Rockband gehört zu den erfolgreichsten Bands der Rockgeschichte.

Rory Gallagher: (1948–1995) war ein irischer Blues-Gitarrist und Singer-Songwriter.

Schupfnudeln: handgeformte Nudeln aus Mehl oder Kartoffelteig.

Schwarzhandel: Im äußerst harten Winter 1946/47 spitzte sich die Ernährungssituation dramatisch zu, als das Transportsystem zusammen brach und weder Kohle noch Lebensmittel transportiert werden konnten. Überall gab es Streiks, Hungermärsche und Protestdemonstrationen. Die Bevölkerung fuhr ins ländliche Umland, um zu „hamstern". Neben diesen privaten Beschaffungsaktionen blühte der organisierte Schwarzmarkt, auf dem trotz offizieller Mangelwirtschaft nahezu alles erhältlich war.

Segeroth: ein ab Ende des 19. Jahrhunderts entstandenes Stadtviertel in Essen, bestehend aus Arbeitersiedlungen, Schlaf- und Logierhäusern, Mietskasernen, Industrieanlagen, Eisenbahnlinien, Friedhöfen und Amüsements, auch „Wilder Norden" genannt. Der Segeroth lag nordwestlich der Innenstadt, dort, wo heute ein Teil des Nordwestviertels, der Campus der Universität Duisburg-Essen sowie das „Universitätsviertel Grüne Mitte Essen" liegt.

Sherman-Panzer: Der M4 Sherman war ab 1942 der meistgebaute US-Panzer und wurde im Zweiten Weltkrieg sowie im Koreakrieg eingesetzt. Er war benannt nach dem General of the Army William T. Sherman (1820–1891).

Sperrballons: gasgefüllte Fesselballons, die, in bis zu 6.000 Metern Höhe schwebend, feindlichen Piloten den Anflug auf Bodenziele erschweren oder unmöglich machen sollten.

Spiel mit der Peitsche und Pitschendopp, Schabbeln mit Geld, Seilchenspringen, Kästchenhüpfen: Kinderspiele; beim Spiel mit Peitsche und Pitschendopp wird ein Kegel mit einer Peitsche in Rotation versetzt, beim Schabbeln mit Geld geht es darum, eine Münze möglichst nah an eine Mauer zu werfen. Wer am nahesten an der Mauer ist, kann das ganze im Wurf eingesetzte Geld behalten. Beim Seilchenspringen springt man über ein von zwei Mitspielern oder Mitspielerinnen geschlagenes Seil, und auch Kästchenhüpfen ist ein noch heute auf Schulhöfen gern gespieltes Hüpfspiel.

Spina bifida: Eine Spina bifida ist eine Fehlbildung des zentralen Nervensystems im embryonalem Stadium, die unterschiedliche Ausprägungen haben kann. In der Umgangssprache nennt man diese Fehlbildung „offener Rücken".

Spundig: Adjektiv zu „Spund", jemand, der aufgrund seiner Jugend als unerfahren gilt; umgangsprachlich: junge, unerfahrene Person, Bürschchen.

Stragula: diese mit Teer imprägnierte Bitumenpappe mit ölhaltigem farbigen Druck war eine preisgünstige Alternative zum Linoleum, hergestellt von den Deutschen Linoleum-Werken. Mit Stragula waren vor allem der Küchen- und Korridorboden ausgelegt.

Ted Nugent: * 1948, ist ein US-amerikanischer Rockmusiker und Gitarrist aus Detroit, der aufgrund seiner ultra-republikanischen Einstellungen zu Nation, Schusswaffengebrauch, Tierschutz, Integration und Geschlechterordnung stark umstritten ist.

Tommies: „Tommy" war bis in die Zeit nach dem Zweiten Weltkrieg eine auch im deutschen Sprachraum weit verbreitete Bezeichnung für einen britischen Soldaten. In den Musterbögen für die Aufnahme der Personalien für das britische Militär stand der Namen „Thomas Atkins" vergleichbar unserem „Herr Mustermann". Von diesem Beispiel-Thomas übernahm man in Großbritannien umgangssprachlich die Kurzform Tommy als generelle Bezeichnung für einen britischen Soldaten.

Transistorradio: Die Geschichte der Markteinführung des kommerziellen Transistorradios begann mit dem „Regency TR-1" 1954 in den USA. Die japanische Elektroindustrie erkannte die Marktchancen der mobilen, kleinen, preisgünstigen Transistortechnik und drängte ab 1957 mit ihrem TR-63 auch auf den deutschen Markt. Das Radio erhielt den Produktnamen SONY, der ab 1958 als Firmennamen geführt wurde.

Troggs: Beat-Band aus Südengland, die 1966 mit „Wild Thing" einen bis heute gespielten Hit landeten.

Währungsreform: Am 20. Juni 1948 trat die Währungsreform in den drei westlichen Wirtschaftszonen in Kraft: Jeder Person wurden 40 Deutsche Mark ausgezahlt, einen Monat später noch einmal 20 Mark. Ab 21. Juni war die Deutsche Mark alleiniges gesetzliches Zahlungsmittel.

Waschbrett: Bis zur Erfindung der Waschmaschine diente das Waschbrett als unverzichtbares Gerät bei der Wäsche mit der Hand. Heute kennt man es noch als Rhythmusinstrument im Skiffle, Dixie oder Rockabilly.

WDR-Rockpalast: diese Sendeform brachte seit 1977 Rockmusik in deutsche Wohnzimmer und wurde für ganze Generationen Jugendlicher zum kulturellen Ereignis, zu dem man sich traf, feierte und gemeinsam schaute und hörte. Der Rockpalast wurde parallel im Hörfunk übertragen, um über angeschlossene Musikanlagen eine bessere Klangqualität und Möglichkeiten zum Tonband-Mitschnitt zu ermöglichen. Die Auftritte in der Essener Gruga-Halle von Rory Gallagher, Greatful Dead, The Police, ZZ-Top und anderen Bands gehören zu den Meilensteinen in der Geschichte des deutschen Musikfernsehens.

Weißbrot und Fleisch aus der Dose: diese Lebensmittel galten in Mangelzeiten als absolute Delikatesse, wobei beides aus den vielgepriesenen CARE-Paketen stammen konnte. Für die traditionell Roggenbrot essenden Deutschen war weißes Brot „feines" Brot.

Verjimbachen, auch **verjumbachen**: umgangssprachlich „verschwenden", „Geld ausgeben".

Vierlingsgeschütze: waren unter der Bezeichnung „2-cm-Flak-Vierling 38" Flugabwehrkanonen der Wehrmacht im Zweiten Weltkrieg.

Zehn kleine Negerlein: ein Lied in Form eines Zählreims, bei dem am Ende alle Kinder verschwunden sind, das als Kinderbuch 1885 auf den deutschen Markt kam. Seine Popularisierung ist eng verbunden mit den Kolonialismus-Ambitionen des Kaiserreichs.

Ziegelsteine sammeln und klopfen: Um nach dem Zweiten Weltkrieg die Ziegelsteine der zerstörten Gebäude für den Wiederaufbau verwenden zu können, musste zuvor der Mörtel abgeklopft oder abgekratzt werden.

Zusammenbruch: in der Wahrnehmung und in der Erinnerung der damaligen Bevölkerung der Zerfall des staatlich-gesellschaftlichen Horizonts von Lebensführung und Lebensentwürfen nach einem als „total" vorgestellten Krieg. Die Geschichtswissenschaft diskutiert allerdings diesen zeitgenössischen Begriff als angemessene Beschreibung der Situation 1945, da über die weltpolitische Zäsur 1945 hinweg Kontinuitätslinien weiter wirksam blieben.

ZZ-Top: Seit 1969 spielt die US-amerikanische Band aus Houston eine Mischung aus Texas-Blues, Bluesrock, Hardrock und Boogie; ihr Markenzeichen sind lange Vollbärte und getönte Sonnenbrillen.

Susanne Abeck & Uta C. Schmidt

War was? Heimat im Ruhrgebiet. Erinnerungsorte und Gedächtnisräume

Selbstzeugnisse als Überlieferungen in der Geschichtskultur des Ruhrgebiets

Die sechs Geschichtswettbewerbe im Ruhrgebiet

Die Geschichtswettbewerbe im Ruhrgebiet haben inzwischen eine Tradition, die bis ins Jahr 1991 zurückreicht. Damals befragte die Internationale Bauausstellung Emscher Park (IBA 1989–1999) die Bevölkerung im Ruhrgebiet nach der „Industriegeschichte an Ruhr und Emscher". Die Resonanz war derart positiv, dass sich kurz darauf, initiiert von dem Leiter des Ruhrlandmuseums Ulrich Borsdorf, ein Netzwerk der regionalen Geschichtskultur bildete, das sich den Namen „Forum Geschichtskultur an Ruhr und Emscher" gab. Das Forum nahm den von der IBA gesetzten Impuls auf und fragte 1993 in einem weiteren Wettbewerb nach der „Geschichte des Ruhrgebiets", dem vier weitere folgten: 1996 unter dem Motto „Das Ruhrgebiet von 1945 bis morgen", 1999 unter „... kein Thema. Bild und Gestalt des Ruhrgebietes", 2003 unter „Eile und Weile" und zuletzt 2013 unter „War was? Heimat Ruhrgebiet. Erinnerungsorte und Gedächtnisräume".

Dabei reicht das Spektrum der mittlerweile über 1.500 eingereichten Beiträge von Ausstellungskonzepten und -katalogen, Monografien, wissenschaftlichen Aufsätzen und Dissertationen, über Autobiografien, Kindheitserinnerungen, Lokalstudien, Bildbänden, Filmdokumentationen, Hörfunkbeiträgen und Hörspielen bis hin zu Podcasts und Websites von Universitätsseminaren sowie Facharbeiten, Kreativbeiträgen und Audio-Guides von Schulklassen. Die Vielfalt der thematischen und der formalen Zugänge, über die sich mit der Vergangenheit auseinandergesetzt wurde, haben bisher jede Jury beeindruckt, die es zu allen Geschichtswettbewerben gab. Zuletzt war sie immer zweigeteilt, in eine Vor- und eine Hauptjury, um so zu gewährleisten, dass jeder Beitrag von mindestens zwei Personen gelesen bzw. betrachtet und bewertet wurde. Verglichen wurden dabei jeweils getrennt die Beiträge von Fachleuten, von Journalisten, von

Amateuren und von SchülerInnen. Das Anliegen jeder Jury war es bisher, möglichst vielen Teilnehmenden einen (Geld-)Preis zuzusprechen.

Geschichte und Erinnerung

Das Besondere, ja einzigartige dieses Geschichtswettbewerbs innerhalb der deutschen Geschichtskultur ist die Tatsache, dass sich an ihm sowohl studierte Historiker und Historikerinnen als auch geschichtsinteressierte Laien und SchülerInnen beteiligen können. Die Gesamtheit der Einreichungen gibt daher einen Überblick über historische Fragestellungen und Themen, mit denen sich die Profis in den Museen, Archiven, an den Universitäten und in den Medien zum Zeitpunkt der Einreichung auseinandergesetzt haben. Sie gewähren darüber hinaus einen Einblick darin, wie sich Menschen im Ruhrgebiet mit ihrer persönlichen Biografie und den darin enthaltenen Brüchen beschäftigen und wie sich junge Menschen mit der Vergangenheit der Region auseinandersetzen. So befassen sich die Einreichungen einerseits mit Geschichte im Sinne einer kritisch-reflexiven Beschäftigung mit zurückliegenden Ereignissen und Strukturen, so wie es die Geschichtswissenschaft verfolgt. Andererseits geht es um Geschichte im Sinne individueller Erinnerungen. Beides macht Sinn: das eine, um sich Vergangenheit im Lichte gegenwärtig aktueller Fragen methodisch diszipliniert anzueignen, das andere, um prägende Erfahrungen und Erlebnisse im Sinne eines Generationenlernens nachvollziehen zu können.

Erinnerungsorte und Gedächtnisräume

Der Geschichtswettbewerb 2013/14 griff mit dem Motto „War was? Heimat Ruhrgebiet. Erinnerungsorte und Gedächtnisräume" den Begriff „Heimat" auf und fragte zudem nach Orten der Erinnerung und Räumen des Gedächtnisses. Dabei sind die beiden letztgenannten Begriffe dem geschichtswissenschaftlichen Diskurs entnommen. „Erinnerungsort" ist ein Konzept, das auf den französischen Historiker Pierre Nora zurückgeht, der in den 1980er Jahren damit begann, die Geschichte Frankreichs anhand von materiellen Erinnerungsorten wie Regionen, Städten oder Gebäuden und anhand von Erinnerungsorten im übertragenen Sinn wie historischen Ereignissen, Schulbüchern, Liedern oder Persönlichkeiten darzustellen. Ziel dieser Herangehensweise ist es, so der französisch-deutsche-Historiker Étienne François, Geschichte über die „Kristallisationspunkte kollektiver Erinnerung und Identität" zu verstehen und darzustellen. Im Ruhrgebiet wird seit 2012 mit dem vom Bochumer Institut für soziale Bewegungen, dem Ruhr Museum und dem Regionalverband Ruhr getragenen Projekt „Erinnerungsorte des Ruhrgebiets" versucht, solche Orte zu benennen.[1] Es lag deshalb nahe, diesen Begriff in den Titel des Wettbewerbs einzubeziehen. Tatsächlich wurden auch hier regionale Erinnerungsorte in den persönlichen Erinnerungen vieler Teilnehmender präsentiert, die wir in diesem Buch präsentieren. Unter den Erzählungen ragen zum einen die Erinnerungen an die Zerstörungen und Bunkeraufenthalte im Zweiten Weltkrieg und an die Notsituation der unmittelbaren Nachkriegszeit heraus. Autoren dieses Buches erinnern sich zum anderen an ihre Erfahrungen im Bergbau, die keineswegs allein positiv, nostalgisch verklärend oder monumentalistisch erzählt werden und das vorherrschende Bild der Welt unter Tage differenzierend zu ergänzen vermögen.

Der zweite Begriff „Gedächtnisraum" spricht die Frage an, wie der uns umgebende Raum unser Gedächtnis bzw. unsere Erinnerung beeinflusst.[2] Dieser Bezug ist vielen Texten zu entnehmen. Als besonderes Beispiel dafür kann unter den Einsendungen eine reich bebilderte Sammlung von Erinnerungen an das Leben in der Altenessener Hoesch-Kolonie „Heim und Scholle" gelten, aus der für diese Publikation Auszüge ausgewählt wurden. Gleichzeitig bietet sich der Text als Gesamtkomposition an, um den in der wissenschaftlichen Diskussion aufgeworfenen Fragen nach Erinnern, Vergessen, nach Erinnerungsorten und Gedächtnisräumen nachzugehen.

Je mehr sich die individuell erinnerten Orte sowie Gedächtnis- und Zeiträume gleichen, desto deutlicher treten gemeinsame Erfahrungen hervor und das die Generationen Prägende wird sichtbar.[3]

Die Altenessener Hoesch-Kolonie

Als 1995 Planungen zum Teilabriss der Siedlung für den Stadtumbau Altenessen öffentlich wurden, initiierte Brigitte Böcker Treffen ehemaliger Bewohnerinnen und Bewohner der Siedlung, um Erinnerungen an die Kinderzeit in „ihrer" Kolonie zusammenzutragen. Zehn Jahre lang gab es diese Treffen. Aus den gesammelten Erinnerungen entstand ein Buch, das 2011 veröffentlicht wurde. Bereits der Name „Heim und Scholle" für die Siedlung zeigte politische Interessen[4], denn mit dem Koloniebau zielten die Unternehmen des Ruhrgebiets bewusst darauf, kleinräumig dörflich-ländliche Strukturen zu schaffen, um die zugezogene Industriearbeiterschaft samt Familien vor der so genannten sozialen Entwurzelung samt dem Abgleiten in die Arbeiterbewegung zu bewahren und offensichtliche Klassengegensätze nach einem bürgerlichen Ordnungsmodell zu versöhnen. Der Name „Heim und Scholle" blieb stets offen für völkische Aufladungen, für Ein- und Ausgrenzungen und bot sich fließend als Konzept an, Arbeiterschaft und Arbeiterbewegung in einer „fiktionalen Volksgemeinschaft" aufzuheben.[5]

Herausgehoben sind in dem Buch die Erinnerungen an die „Kinderschützenfeste", die im Kinderleben einen Höhepunkt darstellten und Gemeinschaft der Generationen erfahrbar machten. Ebenso ziehen sich Beschreibungen von Bunkerspielen durch die Dokumentation: der Bunker – ein beliebter Spielplatz der Nachkriegszeit, wegen der Einsturzgefahr nicht ungefährlich, aber von ganz eigenem Reiz – und heute für diese Erfahrungsgemeinschaften ein „Erinnerungsort".[6]

Die Sammlung von romantisierend gezeichneten Erinnerungen des Altenessener Kinderlebens in den 1940er und 1950er Jahren macht deutlich, wie „Heimat" erst erzählend im Verfahren des Einschließens und Ausschließens entsteht. Es werden Denk-, Sicht- und Wahrnehmungsweisen, Prinzipien des Bewertens und Urteilens deutlich, mit denen die heutigen Erwachsenen den Erlebnissen in Kindertagen Sinn zuweisen. Ein Beispiel ist die Erinnerung an Zugezogene, die, damals aus der DDR geflohen, innerhalb „ihrer" Siedlung in schnell errichteten Behelfsheimen untergebracht wurden[7]: „Viele dieser Umsiedler prahlten damit, was sie für Reichtümer im Osten zurücklassen mussten. Da waren Hotelbesitzer, Großgrundbesitzer, und einige überschlugen sich in der Schilderung ihrer Reichtümer und forderten entsprechenden Ausgleich von uns im Westen zurück. Das war für unsere Eltern oft wie ein Schlag ins Gesicht. Nur der Osten hatte mit den Folgen des Krieges zu kämpfen; dem Westen ging es doch gut. Doch auch wir hatten mit den Nachwirkungen des Krieges unsere Not. Wenn es bei uns um Entschädigungen ging, so mussten genaue Belege über unser verlorenes Hab und Gut herhalten. Wir hatten für jedes Stück gekämpft. Darauf waren wir stolz. Man fragte sich: Diese Leute wollten nur mit dem, was sie am Leibe hatten, gekommen sein?" Oder: „Die Einen machten aus der Not eine Tugend, und versuchten, das Beste aus allem zu machen, sie bemühten sich mit allen Kräften schnell aus der Misere heraus zu kommen. Dann gab es noch welche, die alles schleifen ließen und der Meinung waren, Schuld sind nur die Anderen. Bei dieser Sorte konnte man die Wände noch nicht einmal mit der Kneifzange anfassen."[8]

Brigitte Böcker reflektiert die jahrelange Erinnerungsarbeit als gemeinschaftliche, kommunikative Anstrengung: „Wir erinnern uns an viele Dinge, wenn nur der richtige Anstoß kommt."[9] Oder: „So hat jeder seine eigenen Erinnerungen. Während manche einfach alles abhaken, versuchen andere durch kleine Anstöße weiter in ihrem Gedächtnis zu forschen. So auch Horst. Seine Erinnerungen befassen sich nicht nur mit den Bunkern, sondern auch mit jenen, die sie bauen mussten."[10] Und zwischendurch klingt an, wie anstrengend ihr anspruchsvolles Unterfangen zuweilen wurde, etwa wenn Themen „sprunghaft"[11] aufschienen: „Das Geplänkel der Unterhaltung geht noch weiter [...] Zwischenzeitlich weiß ich nicht mehr, wie oft ich bei diesen Leuten gewesen bin. Ich bin aber darüber erstaunt, wie viel dabei zusammen kommt, und doch ist noch längst nicht alles gesagt." Ihr Anspruch auf historische Vollständigkeit – „und doch ist noch längst nicht alles gesagt" – zeigt die grundsätzliche Unabgeschlossenheit von Erinnerung. Und die Autorin beginnt, den wechselseitigen Bezügen von Erinnern und Vergessen nachzuspüren: „Wenn man Erinnerungen aufschreibt und die anderer wiedergibt, hört man auch zwischen den

Zeilen. Man macht sich Gedanken; wie ist das gemeint und was soll damit ausgedrückt werden. Warum soll darüber geschwiegen werden? Es gehört doch dazu."[12] Sie lässt uns im Unklaren, was genau noch festzuhalten wäre, doch vielleicht findet sie nur noch keine eigenen passenden Worte zur Bezeichnung der ihr aufscheinenden Leerstellen? Sie findet vielleicht keine Worte für das, was unausgesprochen und bis heute unaussprechbar für den damaligen Raum der Kindheit bleibt: die Verstrickungen der Elterngeneration in die rassistischen Verfolgungen im Nationalsozialismus, die Denunziation politisch Andersdenkender im Nebenhaus, die Spaltung der Kirchengemeinden, die im Raum der Kindheit tiefe Spuren hinterlassen haben mussten ebenso wie der schmerzliche Verlust von Familienmitgliedern im Krieg und die Traumatisierungen während der Bombennächte, ganz zu schweigen von den Qualen elterlicher Tyrannei und dem Terror des Patriarchats.[13]

Kindheitsraum

Die Sammlung aus Altenessen bildet gleichsam einen Kommentar zu den Überlegungen des Philosophen Ernst Bloch, der gern herangezogen wird, wenn es um wissenschaftliche Werke über „Heimat" geht. Bloch beginnt sein dreibändiges „Prinzip Hoffnung" mit grundsätzlichen Fragen: „Wer sind wir? Wo kommen wir her? Wohin gehen wir? Was erwarten wir? Was erwartet uns?" Am Ende und 1.628 Seiten weiter leitet die Abarbeitung dieser Fragen den Philosophen hinein in einen utopischen Raum zwischen Gewissheit und unfertiger Welt: „Die Wurzel der Geschichte aber ist der arbeitende, schaffende, die Gegebenheiten umbildende und überholende Mensch. Hat er sich erfasst und das Seine ohne Entäußerung und Entfremdung in realer Demokratie begründet, so entsteht in der Welt etwas, das allen in die Kindheit scheint und worin noch niemand war: Heimat."[14]

Das Haus der Kindheit bildet das Grundmuster aller Raumerfahrung, und wie zur Bestätigung dieser These beginnt Brigitte Böcker ihre Sammlung mit der Beschreibung: „Man muss sich die Siedlung wie ein riesiges Rechteck vorstellen. Bei den Häusern handelt es sich um Fünffamilienhäuser, in denen zu diesem Zeitpunkt nur Zechenangehörige wohnten. Hinter den Häusern gab es Gärten und Stallungen, aber auch Bunkergräben mit den dazugehörigen Eingängen, die beim Spielen die Kinder und Jugendlichen der Siedlung zu manchem Abenteuer reizten."[15] Weiter heißt es: „Unsere Siedlung stand noch bis Mitte der fünfziger Jahre ohne Verputz, und auch die Hausschellen wurden erst Anfang der sechziger Jahre angelegt. Ich erinnere mich noch an die Zeit, als wir noch ‚Haus der offenen Tür' hatten, also keine Haustür, und an der Wohnungstür wurde angeklopft."[16] Kollektives Gedächtnis fügt sich in den Raum: „Dem Raum, unserem Raum, in dem wir leben, den wir oft durchmessen, zu dem wir stets Zugang haben und den unsere Einbildungskraft oder unser Denken auf jeden Fall jederzeit zu rekonstruieren fähig ist, müssen wir unsere Aufmerksamkeit zuwenden; auf ihn muss unser Denken sich heften, wenn eine bestimmte Kategorie von Erinnerungen wiederauftauchen soll."[17] Brigitte Böcker weiß, dass dieser Raum bald unwiderruflich zerstört sein wird, sie ahnt, dass Erinnerungen sich nicht mehr an den erlebbaren Raum heften können.

Der französische Soziologe Maurice Halbwachs hat dazu formuliert: „Wenn eine menschliche Gruppe lange an einem ihrer Gewohnheiten angepassten Ort lebt, richten sich nicht nur ihre Bewegungen, sondern richtet sich auch ihr Denken nach der Folge der materiellen Bilder, die ihr die äußeren Gegenstände darbieten."[18] Die Angst, sich bald nicht mehr dieser Ordnungsstruktur vergewissern zu können, von der „Macht der lokalen Tradition" (Maurice Halbwachs) abgeschnitten zu sein, trieb die Kommunikationsgemeinschaft in Altenessen zur Erinnerungsarbeit. In ihrem Nachwort spricht Brigitte Böker es aus: „Für uns Ehemalige ein trauriger Abschnitt. Unsere Jugend, unsere Kindheit, unsere Erinnerungen, all dies wird begraben in den Umbau- und Sanierungsplanungen der Wohnbau/ Westfalen [...] So geht ein Abschnitt zu Ende. Neuer Wohnraum entsteht. Das Umfeld verändert sich. Andere Menschen, andere Nachbarschaften, neue Freundschaften entstehen. Aber unsere Erinnerungen werden bleiben. [...] Die Abbruchfirmen haben ihre Arbeit aufgenommen. Der ganze Mittelbereich unserer schönen und abenteuerreichen Erinnerungen [gemeint ist der mittlere Siedlungsteil, an den sich Erinnerungen heften] wird dem Erdboden gleichgemacht. [... die Autorinnen] Mein Gott, das Aussehen, der Geruch, alles erinnert an die Zeit, als zerbombte Häuser und Schutt in der Siedlung an der Tagesordnung waren. Jeder Stein, der jetzt fällt, ist auch ein Abschied von den Menschen, die hier gewohnt haben. Es tut weh zu sehen, wie Erinnerungen einfach weggeräumt werden."[19] Angesichts der Unaufhaltbarkeit zeitlichen Wandels mit seiner Umformung des Raumes erzählt sich die Altenessener Erlebnisgemeinschaft ihre Erinnerungen und lässt so „Heimat" entstehen. Sie suchen das Vergessen aufzuhalten.

Kulturelle Erinnerungstechniken

Dabei greifen sie auf Verfahren kultureller Erinnerungstechnik zurück, die sich nach dem Kulturwissenschaftler Jan Assmann bereits im Alten Testament finden lassen.[20] An der Schwelle zu etwas Neuem, von dem die Gefahr ausging, die soziale Identität zu verlieren, forderte das Testament damals die Israeliten auf, „dass du nicht vergisst, was deine Augen gesehen haben, und dass es nicht aus deinem Herzen kommt dein ganzes Leben lang." Die Altenessener Erlebnisgemeinschaft bedient sich, ohne es zu wissen, gleichsam alttestamentlicher Erinnerungsstrategien, um ihre verkörperten Heimaterfahrungen in kulturelle Erinnerung zu transformieren: Denn sie redet darüber, trifft sich, erzählt es Jüngeren sie speichert die Erinnerung durch Sammeln, Aufschreiben und Veröffentlichen, sie feiert Feste. So überführt sie individuelle Erinnerungen in kulturelle Überlieferung und schafft einen Gedächtnisraum – ein sehr passender Beitrag zu einem Geschichtswettbewerb, der „Erinnerungsorte und Gedächtnisräume" im Untertitel trägt.

Heimat als schwieriger Begriff

Die Erfahrungen aus den vergangenen fünf Geschichtswettbewerben hatten gezeigt, dass nur eine möglichst breite Ausschreibung viele Geschichtsinteressierte anzusprechen vermag. Und das schien mit dem Thema „Heimat im Ruhrgebiet" gewährleistet.[21] Es blieb gleichwohl im Vorstand des Forums Geschichtskultur wie auch im Beirat des Wettbewerbs umstritten, ob „Heimat" nicht doch zu jenen Begriffen gehört, die – nationalistisch und rassistisch aufgeladen – politisch und ideologisch bis heute umkämpft sind, wie die Instrumentalisierung des Heimatbegriffs durch rechte Gruppierungen zeigt.

Erst im Verlauf des 19. Jahrhunderts wurde Heimat fest mit imperialen und kolonialen Projekten verschweißt.[22] „Heimat", verstanden als „Bollwerk im Strom der Zeit", und Konservatismus bleiben bis in die Gegenwart unauflöslich miteinander verbunden.[23] Und so interpretiert die Geschichtswissenschaft „Heimat" als eine – äußerst zweifelhafte – Gegenwelt für (reale oder vermeintliche) modernisierungsbedingte Verluste.

Doch der Heimatbegriff geht nicht auf in Nation, Rasse und Antimodernismus.[24] Andere Aspekte treten in den Vordergrund, verlässt man die Perspektive der Geschichtswissenschaft.[25] So leitet die Anthropologie ein Heimatbedürfnis bereits aus der Raumbezogenheit der Menschen als Grunddimension menschlicher Existenz ab: Wenn „Ich bin" als Ausdruck von Identität gelten kann, beinhaltet sie auch das „Dorthin gehöre ich".[26] Man ist von frühester Kindheit an umgeben von einem Geflecht aus Dingen, Menschen, Atmosphären und Handlungen, die die Möglichkeit der Selbsterkenntnis- und -findung in sich tragen,[27] wie die Geschichten aus der Altenessener Kolonie „Heim und Scholle" zeigen. Heimat wird als Prinzip von Lokalität und Regionalität diskutiert,[28] weil sie zwischen den oftmals kaum mehr nachvollziehbaren Systembedingungen von Wirtschaft und Staat auf der einen Seite und individuellen Lebenswelten auf der anderen vermitteln hilft[29].

Die Psychologie wiederum schaut auf die subjektive Bedeutung von Heimat und hebt einen sozialen Zusammenhang heraus: In ihm macht man hautnahe Erfahrungen von Zugehörigkeit, Vertrautheit und Gestaltungsmöglichkeiten.[30] „Heimat" bringt dann etwas zum Ausdruck, was für mich und andere Bedeutung hat. Spürt man so Heimat im Kontext von Lebenserzählungen nach,[31] so springt geradewegs ins Auge, wie sie erst im erfahrungsgeschichteten, biografisch erzählten Selbstbild hervorgebracht wird. Sie ist dann so etwas wie ein „Ordnungsprinzip sozialer Umwelten“ und hat nichts von einem festen Gut.[32]

Psychologie und Geschichtswissenschaft bilden die am weitesten auseinanderliegenden Pole, wenn es um die Beschäftigung mit „Heimat“ geht. Blickt die eine Wissenschaft auf das Individuum mit dessen psychosozialen Bedürfnissen, konzentriert sich die andere auf die politische Instrumentalisierung dieser Bedürfnisse, um Gemeinschaft über Zugehörigkeiten und Ausgrenzungen zu begründen.

In den Beiträgen des Geschichtswettbewerbs entsteht „Heimat Ruhrgebiet“ im Vorgang des Erzählens, ohne jedoch den Begriff konkret zu verwenden. Nur zwei Ausnahmen gibt es. Eine Gruppe junger Flüchtlinge erarbeitete im Rahmen ihres Hauptschulabschlusses in einer Schreibwerkstatt Texte, in denen sie ihre Erfahrungen mit dem gewaltsamen Verlust der alten und ihre Erwartungen an die neue Heimat zum Ausdruck brachten. Ihre Texte deuten „Heimat“ als Gefühle von Zugehörigkeit und Anerkennung. Fernab von jeglicher Romantik wird sie hier zu etwas, das Orientierung gibt, das aber keineswegs an einem Ort lokalisierbar bleibt. Sie scheint in diesem Projekt vielmehr „bodenlos“ auf – als Selbstentwurf in der Verantwortung für das eigene Leben.

Die (ebenfalls prämierte) Textsammlung „Pottpoesie: Ruhrpott – Heimat“, herausgegeben von Dea Sinik, versammelt Poesie junger Autorinnen und Autoren aus der Poetry Slam Community des Ruhrgebiets: „Einige Menschen kamen und gingen, aber wir wollten etwas erschaffen, das bleiben würde. Ein Memoire an die Heimat, die uns wie ein buntes Band verbindet. Ein Gedenken an zu Hause, das unsere Wurzeln nährt. Aus unserem stetigen Wunsch entstand diese Sammlung von poetischen Texten – eine Huldigung an unsere Heimat. Es kann sich um eine Stadt aus dem Ruhrgebiet handeln oder um eine entfernte Heimat, die uns mit dem Laufe der Zeit alle zusammengeführt hat“, heißt es in der Einleitung der Herausgeberin.[33] Es war den jungen Literatinnen und Literaten ein Bedürfnis, die Thematik zu beleuchten, sei es, weil sie als „Eingeborene“ nach Ausdruck eines Lebensgefühls jenseits des Ruhrgebietsmythos unter dem Wahrzeichen des Fördergerüsts von Zollverein suchen, sei es, weil der familiäre Migrationshintergrund geradezu zu einer Befassung herausfordert. „... wie konstituiert sich Heimat? Welche Faktoren kommen im Ruhrgebiet zusammen? Handelt es sich ausschließlich um einen geographischen Begriff? (...) Themen wie Migration, Landflucht oder dass Menschen Heimat verkörpern können, werden literarisch komponiert,“ schreibt Dea Sinik in ihrer Einführung.[34]

Hier entsteht Heimat in der Poesie, in der Sprache, angetrieben von dem Bedürfnis, Heimat nicht denen zu überlassen, die ihn heute immer noch rechtspopulistisch missbrauchen.[35] Zusammen mit den in dieser Publikation vorgestellten Selbstzeugnissen von Menschen jenseits der Lebensmitte wird deutlich, wie diese Erzählungen in der Spannung von realen Erfahrungen und konstruiertem Selbstentwurf sowohl „Heimat" als auch „Ruhrgebiet" entstehen lassen.[36]

Und man findet Gemeinsamkeiten zwischen den Entwürfen unterschiedlicher Generationen: „Alles, was der Mensch braucht, habe ich hier – und noch ein bisschen mehr. Will ich noch mehr, bindet mich ein vorzügliches Verkehrsnetz an ‚die große Welt'. Dort kann ich haben, was Castrop nicht hat," schrieb Winfried Kurrath.[37] Und die junge Autorin Ruby Tuesday textete: „Also kehre ich zurück an den Ort, an dem mein Herz sich heimisch fühlt./ den Ort, an welchem meine Freunde, meine kleine Familie lebt./ Zwischen Industrie und Natur, auf stillgelegten Zechen,/ da lebe ich, da fühlt sich mein Herz zuhaus'./ Es ist ein Teil von uns,/ denn wir sind Kinder des Ruhrgebiets./ Eine große Stadt entstanden aus vielen kleinen Städten,/ verbunden durch ineinander übergehende Straßen,/ mit Grenzen, die nur pro forma sind."[38]

Kriegskindheiten

Ein beträchtlicher Teil der zur Gruppe der „Selbstzeugnisse" gerechneten Einsendungen dreht sich um das Thema der Kriegskindheit im Ruhrgebiet. Das liegt am Alter der Autorinnen und Autoren, die im letzten Lebensdrittel Zeit zur Bilanzierung finden. Dass sie zum Wettbewerbsthema „Heimat im Ruhrgebiet" ausdrücklich Selbstzeugnisse einschickten, in denen ihre extremen Kindheitserfahrungen zum Ausdruck kommen, belegt auf unromantische Weise das kulturelle Muster, Heimat in der Kindheit und Kindheit als Heimat aufscheinen zu lassen. In gewisser Weise stellen diese Texte mit Flächenbombardements und „Christbäumen" das Ruhrgebiet als eine „Zeitheimat" vor.[39] Mittlerweile gibt es eine ausführliche (geschichts-)wissenschaftliche Beschäftigung mit diesem Thema,[40] das zunächst sowohl in der Fachwissenschaft als auch in der allgemeinen Öffentlichkeit eine zumindest skeptische, teilweise jedoch auch ablehnende Reaktion erfuhr.[41] Die 21 Auflagen des Buches von Sabine Bode „Die vergessene Generation. Die Kriegskinder brechen ihr Schweigen" zeugen jedoch von dem, auch in den Wettbewerbsbeiträgen herauslesbaren Bedürfnis, mehr über diese Erfahrungen nachzudenken.[42]

Zeitzeugen

Wir halten uns bei diesem geschichtspolitischen Thema an den Geschichtsdidaktiker Rolf Schörken, Jahrgang 1928, Flakhelfer, kriegsversehrt und kriegsgefangen, der es als eine für individuelles und kollektives Geschichtsbewusstsein produktive Erleichterung empfand, „dass das, was für mich über fünf Jahre hinweg die einschneidende Erfahrung meines Lebens gewesen war, jetzt überhaupt wieder in einer gewichtigen Weise und nicht nur scheu nebenbei zur Sprache gebracht wurde." Er sieht darin eine aufklärerische Weitung individuellen wie gesellschaftlichen Wissens über den Nationalsozialismus: „In der eigenen persönlichen Erinnerung steckt implizit bereits die Notwendigkeit ihrer Ausweitung ins Historische. Das sich erinnernde Individuum ist ja nicht bloß mit seiner eigenen Erinnerung zufrieden. Es möchte das Drum und Dran kennen. Gerade dem jugendlichen Erleben in den Turbulenzen der Niederlage fehlte es an der Kenntnis der Zusammenhänge, und diese konnten eben nicht aus der Erinnerung abgerufen werden, sondern mussten später viel weiträumiger erarbeitet werden, was ohne Geschichts- oder Sozialwissenschaften schwer möglich war. Insofern stellt sich also die wissenschaftliche Geschichte als eine notwendige Ergänzung des eigenen Erlebens dar, nicht als etwas Neues, Fremdes oder Oppositionelles."[43] Dass diese ergänzende „Geschichtsarbeit" oft ein ganzes Leben lang währt, dokumentierte Werner Krause in einem Anschreiben an die Geschäftsführerinnen des Geschichtswettbewerbs: „Meine Art der Erinnerung an die Zeit zum Ende des 2. Weltkrieges ist sozusagen die eines Zeitzeugen." Aus dem katholischen Zentrumsmilieu kommend war er seit seiner Jugend dem Nationalsozialismus gegenüber kritisch eingestellt. Als 14-Jähriger sah er exhumierte Leichen von Ermordeten, die die Nazis zwischen dem 7. und 12. März 1945 im Dortmunder Rombergpark getötet hatten – Karl Altenhenne, Franz Nowack und Martha Gillesen. Am 13. April 1945 wurde Dortmund von den amerikanischen Truppen besetzt. Am 19. April 1945 wurde mit der Exhumierung der Leichen in der Bittermark begonnen: „So wird mir wohl, solange ich noch lebe, für immer unbegreiflich bleiben, wie den Besatzungstruppen der Amerikaner nur wenige Tage vor der Einnahme der Stadt nicht bekannt war, dass in Hörde und in der Steinwache noch immer Kräfte der Gestapo Befehle aus Düsseldorf erhalten konnten, die die Ermordung von an die 300 Menschen angeordnet haben."[44]

Mehrere Einsendungen von Selbstzeugnissen zum Geschichtswettbewerb arbeiten sich ausdrücklich an der Verarbeitung der Kindheitserlebnisse im Krieg ab: „Mir war es aber wichtig, die Verarbeitung von Kriegserlebnissen, die ich als achtjähriger Junge in mich aufgenommen hatte, Ihnen zugänglich zu machen. Was mir nach der Niederschrift meiner Erlebnisse bei der Bombardierung Gladbeck bewusst wurde, war die Erkenntnis, dass ich mich danach irgendwie befreit fühlte. Es muss wohl so gewesen sein, dass die Kriegserlebnisse mein späteres Leben in der Schule, im Berufsleben, auch in der privaten Umgebung geprägt haben. Eine Beschreibung der Ängste, Depressionen oder auch innerer Unruhen erspare ich mir. Es fand bei uns Kriegskindern nie eine Aufarbeitung des Erlebten statt. Trotzdem, man funktionierte. Man kam relativ gut durch die Schule, Studium, Berufs- und Privatleben. Innerer Unruhen und Ängste wurden so versteckt, dass sie nicht nach außen erkennbar wurden. Teilweise hat mir auch der Alkohol dabei geholfen, die Schwächen unter der Decke zu halten. Zum Schluss kann ich sagen, fühle ich mich nach der Niederschrift der „Bombardierung Gladbecks" wie befreit. Die Kinder, geboren zwischen 1930 und 1945 und später, die dem Bombenkrieg, Flucht und Vertreibung erlebt haben, sind als vergessener Generation zu bezeichnen, da eine Aufarbeitung des Erlebten im Elternhaus, Schule oder auch in der Politik nie stattgefunden hat. Falls Sie der Meinung sind, mein Beitrag hat das Thema verfehlt, lassen Sie es mich wissen und übergeben Sie ihn anschließend dem Papierkorb"[45], so Herbert Pemp.

Und weiter heißt es: „Im Alter rückt die Kindheit wieder näher. Man hat das Bedürfnis und auch Zeit, sich mit früheren Eindrücken zu beschäftigen. Jahrzehntelang hatten die Kriegskinder die Traumatisierungen aus den Kriegsjahren verdrängt. Was in die Öffentlichkeit rückte, war das Trauma der Opfer des Nationalsozialismus. Wir Kriegskinder haben unbewusst Kriegserlebnisse als normal empfunden, auch deshalb, weil es anderen Kindern genau so erging. Erst später, als man erwachsen wurde, hat man ein Bewusstsein entwickelt, welche Spuren solche Erlebnisse hinterlassen haben. Es ist schwer, im Alter mit über 70 Jahren Lebensläufe aus der Kindheit wahrheitsgemäß wiederzugeben, da man die Begebenheiten möglicherweise mit fantasievollen Umschreibungen darstellt und dabei unbewusst von der Wirklichkeit abweicht. Ich will es dennoch versuchen. Ich schätze, mein Rückbesinnungsalter liegt bei vier oder fünf Jahren."

Auch der Autor Paul Kruck ringt in seinem Beitrag moralisch mit dem, was sagbar und nicht sagbar ist: „Wie eine herannahende, tosende Welle spürten wir in dem Betonboden zahlreiche, immer heftiger werdende Schläge. Es waren Bomben. Das Licht flackerte und verlöschte dann, Panik brach aus. Die Menschen weinten und beteten, erwarteten jeden Augenblick den Volltreffer, der auch unseren Bunker zerstörte. Man hatte nämlich durch die Nazi-Propaganda erfahren, dass die ‚rücksichtslosen, anglo-amerikanischen Terrorverbände' nun auch Luftminen und speziell entwickelte Lufttorpedos gegen Bunker einsetzten – was tatsächlich auch stimmte. Als Angehöriger eines Volkes, das die schlimmsten nur vorstellbaren Kriegsverbrechen begangen hat, fällt es nicht leicht, selbst derartige Verbrechen anzuklagen. Aber die zerstörerische Wut und das vor allem gegen die Zivilbevölkerung gerichtete Toben der Alliierten in den letzten Kriegstagen darf ebenso wenig vergessen werden."

Mittlerweile gibt es öffentlich Raum, die eigenen Verletzungen zum Thema zu machen. Erinnerungen an das Bombardement gehören zu den Heimaterzählungen aus dem Ruhrgebiet. Jenseits der schweren, belastenden Kindheitserfahrungen enthalten die Einsendungen vielfältige Schilderungen aus dem Alltagsleben im Ruhrgebiet, die für heutige Leserinnen und Leser Zeit erfahrbar machen. Dazu zählen detaillierte, spannende, witzige, lakonische Einblicke in das Familienleben, den Medienkonsum, das Wohlstandgefühl, in Sport, Spiel, Freizeit und Sexualität. Sie berichten von der Selbstbehauptung im heute nur noch schwer nachzuvollziehenden Alltagsleben des Ruhrgebiets der Montanindustrie.

Erinnerung und Erzählung

Die unserer Auswahl zugrundeliegenden Selbstzeugnisse machen „aus Zeit Sinn".[46] Sie suchen Zusammenhänge zu schaffen, indem sie Erfahrungen erzählend erinnern. Erzählen ist für historisches Denken grundsätzlich die maßgebliche Form des Erklärens, in lebenspraktischer Hinsicht ebenso wie in geschichtswissenschaftlicher.[47] Und so handelt es sich auch bei diesen Selbstreflexionen um historische Texte. Während des biografischen Erzählens vergegenwärtigt das Subjekt ausgewählte Erfahrungen, bearbeitet sie, fügt sie zu einem Muster zusammen, das Sinn macht. Sie sind mehr als Abbildungen gelebten Lebens, denn als Selbstvergewisserungen geben sie auch Einblick in erlernte, formierte und tradierte Wahrnehmungs- und Deutungsmuster.[48] So erinnern sich zum Beispiel in den eingereichten Texten die Autorinnen und Autoren in jenen Begriffen, die sie sich als Kinder zur Bezeichnung ihrer Umwelt einverleibt hatten. Es fällt die Bezeichnung „Russe" auf, unterschiedslos, ob sie als Kriegsgefangene, Zwangsarbeiter oder Besatzungsmächte in die Erzählungen einfließen.

Dieses Beispiel zeigt, wie zeitspezifische Begrifflichkeit individuell Erinnerungen strukturiert, zumal der eingeführte Begriff im Kalten Krieg, mit großer Kommunikationskraft neu aufgeladen, weiter verwendet wurde. Mittlerweile haben Wissenschaft und historisch-politische Bildung gegen die ideologisch aufgeladenen Zeitbegriffe genauere Fachwörter zur Beschreibung von Diktatur, Kriegszeit und Nachkriegszeit entwickelt. In den hier formulierten Erinnerungen lagert sich im Begriff des „Russen" stets das Andere, das Fremde ab, genau so, wie es politisch wahrnehmungsprägend im Nationalsozialismus inszeniert wurde. Zeitgenössische Propaganda-Narrative beeinflussen somit noch heute die Erinnerungen. In den uns vorliegenden Texten werden die Erzählungen von „Russen" allerdings stets verbunden mit Gesten der präsentierten Humanität und Menschlichkeit, die die damaligen Kinder und Jugendlichen trotz nationalsozialistischer Propaganda den hungernden und ausgezehrten Arbeitern, denen sie begegneten, entgegenbrachten. Es gab keinen Text, in dem dieses Wort anders verwendet wurde. Und so wirft es wie ein Brennglas Licht auf die gesellschaftliche Formiertheit der inneren Verarbeitungslogik und ist ein anschauliches Beispiel dafür, wie tief sich Wörter in der psycho-sozialen Entwicklungsstufe der Kindheit einprägen – inhaltlich und akustisch:[49] Sie klingen nach, um Erlebnisse auch später noch versprachlichen zu können.

Textkorpus

Es lagen uns kürzere und längere Texte vor, in denen über das Leben im Ruhrgebiet erzählt wurde. Zwei Artikel in der Westdeutschen Allgemeinen Zeitung (WAZ) hatten dazu aufgefordert, sich am Geschichtswettbewerb zu beteiligen. Unter der Überschrift

„War was? Die Menschen im Ruhrgebiet sollen sich erinnern. Machen Sie mit beim Geschichtswettbewerb" berichtete Hubert Wolf im Mai 2013 von der Eröffnung des Geschichtswettbewerbs in der Duisburger Kleingartenanlage „Heimaterde".[50] Im September folgte der Aufruf „Ihre Geschichten schreiben Geschichte. Forum Geschichtskultur sucht Erinnerungen an die Heimat im Revier"[51], in dem Hubert Wolf erste Einsendungen vorstellte.

Bebildert ist dieser Beitrag mit einer großen schwarz-weißen Fotografie von Walter Vogel aus dem Jahr 1965: Sie zeigt vor den Hochöfen der August-Thyssen-Hütte in Duisburg-Bruckhausen Mädchen in weißen Kommunionkleidern, in einem Hof direkt an der Werksmauer spielend.[52] Mit der Auswahl dieser Fotografie illustrierte die Redaktion nicht allein einen Beitrag, sondern fand bereits einen Ausdruck für das Zusammenspiel von „Heimat" und „Erinnerung" mit all ihren romantisierenden und popularmythischen Dimensionen.[53] Die Farbsymbolik schwarz-weiß variiert Bilder von Unschuld und Unendlichkeit[54] vor der „schwarzen Seite der Macht". Die Komposition spricht mit Gärten und Hof vor Kühltürmen, Schornsteinen und Rohrleitungssystemen ruhrgebietsspezifische kindliche Grunderfahrungen von Raum und Natur an.[55] Sie hält konfessionelle Sozialisation samt Fest- und Feiergestaltung als Heimatbezug fest. Zeiterfahrung wird durch die imposante Kulisse der Schwerindustrie möglich. Der Aufforderungscharakter des Artikels wird bildlich dadurch verstärkt, dass eines der Mädchen das Lesepublikum mit geöffneten Armen direkt einzuladen scheint. Die Fotografie ist zudem von einer subtilen Geschlechtlichkeit durchzogen: hier der „Hof" als kindliches, weiblich besetztes Aktionsfeld, dort die „Industrie" als schweres männliches, die in ihrer Polarität – vor der Werksmauer, hinter der Werksmauer, Kinderwelt, Erwachsenenwelt – für den Geschichtswettbewerb unterschiedliche Heimaterzählungen zu stimulieren sucht.[56]

Der Tenor der Zeitungsartikel lautete: Menschen sollen sich mit ihren Erfahrungen und Erinnerungen in den Geschichtswettbewerb einbringen. Die Resonanz auf die Artikel lässt sich zunächst einmal als Argument dafür lesen, dass das Medium Tageszeitung – zumindest bei älteren Generationen – noch immer eine bedeutende Rolle im Tagesablauf und für die lokale Orientierung einnimmt: Sie wird ausführlich gelesen und ihr wird Autorität zugeschrieben. Nur so lässt es sich erklären, dass sich so viele Menschen angesprochen fühlten, ihre Erinnerungen aufzuschreiben und einzureichen. Die WAZ hatte in den letzten Jahren in eigenen Kampagnen Leserinnen und Leser um Aufzeichnungen ihrer ruhrgebietstypischen Erfahrungen gebeten – um Erinnerungen an die Arbeit unter Tage, an Krieg, Mangel, Wiederaufbau, das Wirtschaftswunder, an Rock 'n' Roll und Massenmedien – und diese in einer Reihe publiziert.[57] Die Anerkennung, die ihren Alltagserfahrungen dort entgegen gebracht wurde, erhoffte man sich nun auch beim Geschichtswettbewerb.

Bei uns gingen 68 „Selbstzeugnisse“ ein, 22 davon wurden extra für den Geschichtswettbewerb angefertigt. Es waren Texte in Erzähl- und Gedichtform, von unterschiedlicher Länge und Beschaffenheit – von einer handgeschriebenen Seite bis zum gebundenen Buch von nahezu dreihundert Seiten. Frau Willems aus Buer hatte sich für ihre Geschichte extra ein Quartheft gekauft und es bis zur Mitte eng handschriftlich gefüllt. Stellvertretend reichten Töchter wie Silvia Eggers oder Brigitte Wötzel die Erinnerungen von Mutter und Vater ein. Herr Pedack schickte selbstverfasste Geschichten seiner Frau, die sie als Familienbrauch jährlich zum Weihnachtsfest vorliest. Aus einigen beigefügten Anschreiben geht hervor, was die Abfassung der Lebenserinnerungen bedeutete: „Ich bedanke mich für Ihren Aufruf. Es macht mir sehr viel Freude, an diesem Wettbewerb teilzunehmen. Die Erinnerungen haben mich in eine Zeit versetzt, die ich unbeschwert und glücklich verlebt habe,“ so eine Teilnehmerin. [58]

Kino im Kopf

Im Erzählfluss der einzelnen Texte haben wir Episoden freigestellt, die im Vergleich zum heutigen Alltagsleben Fremdheitserfahrungen ermöglichen.[59] Sie sollen Menschen unterschiedlichen Alters miteinander ins Gespräch bringen, den Austausch biografischer Erfahrungen anregen, gegenwärtige Erfahrungen in Beziehung zu den hier präsentierten setzen, kurz: Zeit erfahrbar machen. Es gilt, in einer generationsübergreifenden Kommunikation das Ruhrgebiet als gelebten Raum unterschiedlicher Erfahrungen entstehen zu lassen. Erfahrung stellt eine menschliche Vorgegebenheit von Geschichte überhaupt dar. Im Austausch altesspezifischer Erfahrungsgemeinschaften kann sie sich zu einer leitenden Hinsicht auf Geschichte als gegenwärtiger Blick in die Vergangenheit entfalten.

Die hier ausgewählten Episoden können so auch zu einer Erweiterung der geschichtswissenschaftlichen Analyse beitragen. Sie bieten die Chance, eine Perspektive von verschiedenen Orten aus einzunehmen: Indem das Vergangene vom Standpunkt der Forschenden und vom persönlichen Standpunkt der Erinnernden mit den von ihnen entliehenen Augenpaaren in den Blick genommen werden kann, werfen Dinge und Menschen Schatten, bekommen Sachverhalte Konturen, werden abstrakte Zusammenhänge plastisch und begreifbar.[60]

Wir haben die ausgewählten Episoden unter zehn erfahrungsbezogenen Überschriften chronologisch sortiert. Bei der Komposition innerhalb dieser Kapitel haben wir uns schließlich von der Filmmontage inspirieren lassen, die Geschichten durch Bilder und Schnitte erzählt. Werden die im Text erscheinenden Bilder von den Lesenden mit deren Erfahrungen und Eindrücken in Beziehung gesetzt, kann eine Art „Kino im Kopf“ entstehen.[61] Ein Bespiel für die Gefühlsdimensionen dieses Kopfkinos sei zum Selbstversuch hier am

Schluss angeführt: „Das Waschbecken im Zechenhaus meiner Omma bestand aus emaillierter Keramik und war ziemlich groß. Das war der Ort, an dem mir einmal am Tag von meiner Großmutter das Gesicht gewaschen wurde. [...] Die Seife stammte von ‚Palmolive', und ihre Handcreme hieß ‚Kaloderma'. Warum merkt man sich so etwas bloß?"[62]

Anmerkungen

1 Vgl. Seiffert 2014 und Berger/ Seiffert 2014.

2 Vgl. Schmid 2014, S. 33-42.

3 Zum Generationenbegriff vgl. Reulecke 2003.

4 Vgl. Klueting 1998, S. 47-58; Museum Folkwang 2010.

5 Vgl. Kaufmann 1991, S. 171-190.

6 Vgl. Marßolek/ Buggeln 2008; Geisthövel/ Knoch 2005; Wenk 2001; Foedrowitz 1998.

7 Vgl. Vgl. Bourdieu 1970, S. 125-158.

8 Brigitte Böcker, Beitrag zum Geschichtswettbewerb, S. 61.

9 Brigitte Böcker, Beitrag zum Geschichtswettbewerb, ungebundene Nachträge und Ergänzungen, S. 5.

10 Brigitte Böcker, S. 28.

11 Brigitte Böcker, S. 60.

12 Brigitte Böcker, S. 61.

13 Den Aspekt des unheimlichen Hauses, des „haunted house", führte Bernd Hüppauf in die Heimatdiskussion ein, vgl. Hüppauf 2007, S. 125.

14 Bloch 1979, S. 1 und S. 1.628.

15 Brigitte Böcker, S. 7.

16 Brigitte Böcker, S. 9.

17 Halbwachs 1985, S. 143.

18 Halbwachs 1985, S. 134.

19 Brigitte Böcker, o.S. [Nachwort].

20 Vgl. Assmann 1991, S. 337-354.

21 Im Zeitalter extremer Mobilität, Massenmigration und Globalisierung gewinnt der Begriff „Heimaten" neue Aktualität. So diskutierte u. a. die NRW-Stiftung Naturschutz, Heimat- und Kulturpflege anlässlich ihres 25-jährigen Jubiläums die Bedeutung von „Heimat" im Plural vor dem Hintergrund der Vereinnahmungen in der ersten Hälfte des 20. Jahrhunderts, vgl. NRW-Stiftung 2012; im Jahre 2013 eröffnete das LVR-Industriemuseum in Oberhausen die Ausstellung „Wie viel Heimat braucht der Mensch?", die von Solinger Einwandererfamilien erzählte; die Duisburger Akzente widmeten sich im Jahre 2015 dem Thema „Heimat"; auch die „Stadtgespräche im Museum", eine Veranstaltungsreihe der TU Dortmund und des Dortmunder Museums für Kunst und Kulturgeschichte, problematisieren in vierzehn Veranstaltungen von 2015 bis 2016 das Thema „Heimat".

22 Vgl. Mbembe 2014.

23 Hartung 1998, S. 115.

24 Vgl. NRW-Stiftung 2012.

25 Vgl. Bausinger 1984, S. 11-27.

26 Greverus 1995, S. 25.

27 Vgl. Greverus 1979, S. 35.

28 Vgl. Frohnhofen 2001, Elektronische Ressource unter http://duepublico.uni-duisburg-essen.de/servlets/DerivateServlet/Derivate-10548/Dissfroh.pdf [Juli 2015]; Vgl. Werlen 1995, 1997, 2007; Vgl. Richner 2007, S. 271-296.

29 Krüger 1995, S. 116.

30 Vgl. Mitzscherlich 2000.

31 Vgl. Justen 2011; Krüger 1996, S. 32-54.

32 Vgl. Schlüter 2005, S. 15.
33 Sinik 2013, S. 9.
34 Ebd., S. 95.
35 So argumentiert auch Walter Grünzweig, Professor für Amerikanistik an der TU Dortmund, in einem Artikel „14 Mal Heimat", in dem er eine Veranstaltungsreihe im Museum für Kunst- und Kulturgeschichte, Dortmund vorstellte; Westfälische Rundschau, 11. April 2015.
36 Vgl. Doning/ Flegel/ Scholl-Schneider 2006, S. 13-31, siehe auch S. 10.
37 Aus dem Wettbewerbsbeitrag des Journalisten Winfried Kurrath, der nach einem langen Berufsleben im In- und Ausland wieder nach Castrop-Rauxel zurückzog.
38 Eine Zeile aus „Kinder des Ruhrgebiets" der Autorin Ruby Tuesday in Sinik 2013, S. 51f.
39 Winfried G. Sebald zit. n. Jureit 2009, S. 125.
40 Vgl. Seegers/ Reulecke 2009.
41 Vgl. Bode 2003.
42 Vgl. Bode 2003.
43 Schörken 2004, S. 155f.
44 Die Steinwache, eine Polizeiwache an der Dortmunder Steinstraße, wurde im Nationalsozialismus zum Gefängnis für politisch Verfolgte und Ort brutaler Verhöre und Folterungen. Werner Krause geht bis heute jedes Jahr an Karfreitag zu der Gedenkfeier am Mahnmal in der Dortmunder Bittermark, bei der an diese Morde von Zwangsarbeitern und Widerstandskämpfern, darunter sind namentlich nur einige wenige Frauen bekannt, erinnert wird. Vgl. Högl 1992.
45 Anschreiben zur Einsendung von Heribert Pemp.
46 Rüsen 1990, S.11.
47 Vgl. Rüsen 1996, S. 43.
48 Vgl. Justen 2011, S.28.
49 Zur akustischen Dimension von Erinnerungskategorien und Sinnzuweisungen vgl. Uta C. Schmidt 1998, S. 243-360, hier S. 351; Schörken 2004, S. 152f. In etlichen Beiträgen zum Geschichtswettbewerb werden die Klangkulissen der Bombennächte, das Murmeln, Schreien und Beten der in Bunkern und Luftschutzkellern ausharrenden Menschen erinnert.
50 Vgl. Wolf, Westdeutsche Allgemeine Zeitung, 28. Mai 2013.
51 Vgl. Wolf, Westdeutsche Allgemeine Zeitung, 24. September 2013.
52 Vgl. Vogel 2010.
53 Zum Popularmythos Heimat siehe Hüppauf 2007, S. 110.
54 Vgl. Ronnberg/ Martin 2011, S. 660 f.
55 Vgl. Hasse 2006.
56 Vgl. zur Geschlechtergeschichte des Ruhrbergbaus Kift 2011.
57 Vgl. Vgl. Potthoff/ Nöllenheidt 2012a; Potthoff/ Nöllenheidt 2012b; Potthoff/ Nöllenheidt 2010; Potthoff/ Nöllenheidt 2009; Grontzki/ Nöllenheidt 2007; Nöllenheidt 2007.
58 Auszug aus dem Anschreiben von Birgit Michaelsen, Bottrop.
59 Amann/Hirschauer 1997, S. 7-52.
60 Vgl. Daniel 2004, S. 9-29.
61 David Mamet zit. n. Daniel 2002, S. 442.
62 Episode aus dem Beitrag von Peter Kruck.

LITERATUR

Andersen, Arne (1997), Der Traum vom guten Leben. Alltags- und Konsumgeschichte vom Wirtschaftswunder bis heute, Frankfurt a.M./ New York.

Amann, Klaus/ Hirschauer, Stefan (1997), Die Befremdung der eigenen Kultur. Ein Programm, in: dies. (Hg.), Die Befremdung der eigenen Kultur. Zur ethnographischen Herausforderung soziologischer Empirie, Frankfurt a.M.

Angenendt, Arnold (1997), Heilige und Reliquien. Die Geschichte ihres Kultes vom frühen Christentum bis zur Gegenwart, München.

Assmann, Aleida/ Harth, Dietrich (Hg.) (1991),Formen und Funktionen der kulturellen Erinnerung, Frankfurt a.M.

Assmann, Jan (1991), Die Katastrophe des Vergessens. Das Deuteronomium als Paradigma kultureller Mnemotechnik, in: Assmann, Aleida/ Harth, Dietrich (Hg.), Formen und Funktionen der kulturellen Erinnerung, Frankfurt a.M., S. 337-354.

Bajohr, Frank/ Gaigalat, Michael (1991), Essens wilder Norden. Segeroth – ein Viertel zwischen Mythos und Stigma, Hamburg.

Behrens-Cobet, Heidi/ Reichling, Norbert (1997), Biografische Kommunikation. Lebensgeschichten im Repertoire der Erwachsenenbildung, Neuwied.

Bausinger, Herman (1984), Auf dem Weg zu einem neuen, aktiven Heimatverständnis. Begriffsgeschichte als Problemgeschichte, in: Landeszentrale für politische Bildung Baden-Württemberg (Hg.), Heimat heute, Stuttgart u. a., S. 11-27.

Belschner, Wolfgang/ Grubitzsch, Siegfried/ Leszczynski, Christian/ Müller-Doohm, Stefan (Hg.) (1995), Wem gehört die Heimat?, Opladen.

Berger, Stefan (Hg.) (2008), The contested nation: ethnicity, class, religion and gender in national histories, Basingstoke.

Berger, Stefan/ Conrad, Christoph (2015), The past as history: national identity and historical consciousness in modern Europe, Basingstoke u. a.

Berger, Stefan/ Seiffert, Joana (Hg.) (2014), Erinnerungsorte: Chancen, Grenzen und Perspektiven eines Erfolgskonzeptes in den Kulturwissenschaften (Veröffentlichungen des Instituts für soziale Bewegungen, Schriftenreihe A: Darstellungen, Band 59), Essen.

Bischoff, Walter/ Bramann, Heinz (1988), Das kleine Bergbaulexikon, 7. Auflage, Essen.

Bloch, Ernst (1979), Das Prinzip Hoffnung, Bd. 1-3, Frankfurt a.M.

Bode, Sabine (2003), Die vergessene Generation. Die Kriegskinder brechen ihr Schweigen, Stuttgart.

Bourdieu, Pierre (1970), Zur Soziologie symbolischer Formen, Frankfurt a.M., S. 125-158.

Daniel, Ute (2002), Kompendium Kulturgeschichte, Frankfurt a.M.

Daniel, Ute (2004), Erfahren und Verfahren. Überlegungen zu einer künftigen Erfahrungsgeschichte, in: Fleming, Jens u. a. (Hg.): Lesarten der Geschichte. Ländliche Ordnungen und Geschlechterverhältnisse. Festschrift für Heide Wunder zum 65. Geburtstag, Kassel, S. 9-29.

Doning, Natalie/ Flegel, Silek/ Scholl-Schneider, Sarah (Hg.) (2006), Heimat als Entwurf und Erfahrung, Berlin.

Fleming, Jens u. a. (Hg.), Lesarten der Geschichte. Ländliche Ordnungen und Geschlechterverhältnisse. Festschrift für Heide Wunder zum 65. Geburtstag, Kassel.

Foedrowitz, Michael (1998), Bunkerwelten. Luftschutzanlagen in Norddeutschland, Berlin.

Friedrichs, Jörg (2002), Der Brand. Deutschland im Bombenkrieg (1940-1945), Berlin.

Frohnhofen, Achim (2011), Raum – Region – Ort. Sozialräumliche Perspektiven Jugendlicher aus einer Landschaft zwischen Umstrukturierung und Demontage, Essen, Univ., Diss., Elektronische Ressource unter http://duepublico.uni-duisburg-essen.de/servlets/DerivateServlet/Derivate-10548/Dissfroh.pdf [Juli 2015].

Fuchs, Werner (1985), Der Wiederaufbau in Arbeiterbiografien, in: Niethammer, Lutz/ Plato, Alexander von (Hg.), „Wir kriegen jetzt andere Zeiten". Auf der Suche nach der Erfahrung des Volkes in nachfaschistischen Ländern. Lebensgeschichte und Sozialkultur im Ruhrgebiet 1930–1960, Bd. 3, Bonn, S. 347-360.

Fuge, Janina/ Hering, Rainer/ Schmid, Harald (Hg.) (2014), Gedächtnisräume. Geschichtsbilder und Erinnerungskulturen in Norddeutschland, Göttingen

Gebhard, Gunther/ Geisler, Oliver/ Schröter, Steffen (2007), Heimatdenken: Konjunkturen und Konturen. Statt einer Einleitung, in: dies. (Hg.): Heimat. Konjunkturen und Konturen eines umstrittenen Konzepts, Bielefeld, S. 9-56.

Gebhard, Gunther/ Geisler, Oliver/ Schröter, Steffen (Hg.) (2007), Heimat. Konturen und Konjunkturen eines umstrittenen Konzepts, Bielefeld.

Geisthövel, Alexa/ Knoch, Habbo (Hg.) (2005), Orte der Moderne. Erfahrungswelten des 19. und 20. Jahrhunderts, Frankfurt a.M.

Grass, Günter (2002), Im Krebsgang: eine Novelle, Göttingen.

Greverus, Ina-Maria (1979), Auf der Suche nach Heimat, München.

Greverus, Ina-Maria (1995), Wem gehört die Heimat?, in: Belschner, Wolfgang/ Grubitzsch, Siegfried/ Leszczynski, Christian/ Müller-Doohm, Stefan (Hg.), Wem gehört die Heimat?, Opladen, S. 23-40.

Grontzki, Nina/ Nöllenheidt, Achim (Hg.) (2007), Feuersturm und Hungerwinter. Zeitzeugen erinnern sich an Krieg und Wiederaufbau, Essen.

Halbwachs, Maurice (1985), Das kollektive Gedächtnis, Frankfurt a.M.

Hampe, Erich (1963), Der zivile Luftschutz im Zweiten Weltkrieg. Dokumentation und Erfahrungsberichte über Aufbau und Einsatz. Frankfurt a.M.

Hartung, Werner (1991), „Das Vaterland als Hort von Heimat", in: Klueting, Edeltraud (Hg.), Antimodernismus und Reform.

Beiträge zur Geschichte der deutschen Heimatbewegung, Münster, S.112-156.

Hasse, Jürgen (2006), Stadt als Heimat, in: Paetzold, Heinz (Hg.), Integrale Stadtkultur, Weimar.

Hausen, Karin (2012), Die Polarisierung der Geschlechtscharaktere, in: dies., Geschlechtergeschichte als Gesellschaftsgeschichte, Göttingen, S. 19-49 und S. 83-105.

Högl, Günther (Hg.) (1992), Widerstand und Verfolgung in Dortmund 1933–1945, Katalog zur ständigen Ausstellung des Stadtarchivs Dortmund in der Mahn- und Gedenkstätte Steinwache, Dortmund.

Hüppauf, Bernd (2007), Heimat – Die Wiederkehr eines verpönten Wortes, in: Gebhard, Gunther/ Geisler, Oliver/ Schröter, Steffen (Hg.), Heimat. Konturen und Konjunkturen eines umstrittenen Konzepts, Bielefeld, S. 109-140.

Husemann, Mirjam, Deutsches Historisches Museum, Berlin in: www.dhm.de/lemo/kapitel/der-zweite-weltkrieg/voelkermord/euthanasie.html [Juli 2015].

Jureit, Ulrike (2009), Generationen-Gedächtnis. Überlegungen zu einem Konzept kommunikativer Vergemeinschaftung, in: Seegers, Lu/ Reulecke, Jürgen (Hg.), Die „Generation der Kriegskinder". Historische Hintergründe und Deutungen, Gießen, S. 125-137.

Justen, Nicole (2011), Erwachsenenbildung in biographischer Perspektive, Opladen/ Farmington Hills.

Kaufmann, Doris (1991), Heimat im Revier? Die Diskussion über das Ruhrgebiet im Westfälischen Heimatbund während der Weimarer Republik, in: Klueting, Edeltraud (Hg.), Antimodernismus und Reform. Beiträge zur Geschichte der deutschen Heimatbewegung, Münster, S. 171-190.

Kerbs, Diethart/ Reulecke, Jürgen (Hg.) (1998), Handbuch der deutschen Reformbewegungen 1880–1930, Wuppertal.

Kift, Dagmar (2011), Die Männerwelt des Bergbaus, Essen.

Kleßmann, Christoph (1982), Die doppelte Staatsgründung. Deutsche Geschichte 1945-1955, Bonn.

Klönne, Arno (2008), Jugend im Dritten Reich. Die Hitlerjugend und ihre Gegner, Köln.

Klueting, Edeltraud (1998), Heimatschutz, in: Handbuch der deutschen Reformbewegungen 1880–1930, Wuppertal, S. 47-58.

Klueting, Edeltraud (Hg.) (1991), Antimodernismus und Reform. Beiträge zur Geschichte der deutschen Heimatbewegung, Münster.

Krüger, Heinz-Hermann (1996), Bilanz und Zukunft erziehungswissenschaftlicher Biographieforschung, in: Krüger, Heinz-Hermann/ Marotzki, Winfried (Hg.), Erziehungswissenschaftliche Biographieforschung, Opladen, S. 32-54.

Krüger, Heinz-Hermann/ Marotzki, Winfried (Hg.) (1996), Erziehungswissenschaftliche Biographieforschung, Opladen.

Krüger, Rainer (1995), Gerechte Heimat für alle?, in: Belschner, Wolfgang/ Grubitzsch, Siegfried/ Leszczynski, Christian/ Müller-Doohm, Stefan (Hg.), Wem gehört die Heimat?, Opladen, S. 107-117.

Landesinstitut für Schule und Weiterbildung (Hg.) (1995), Lebensgeschichte und Politik: Erinnern – Erzählen – Verstehen.

Methodische Zugänge zum biografischen Lernen, Bönen.

Landeszentrale für politische Bildung Baden-Württemberg (Hg.) (1984), Heimat heute, Stuttgart u. a.

Mamet, David (1992), Die Kunst der Filmregie, Berlin.

Marßolek, Inge/ von Saldern, Adelheid (Hg.) (1998), Zuhören und Gehörtwerden I: Radio im Nationalsozialismus. Zwischen Lenkung und Ablenkung, Tübingen.

Marßolek, Inge/ Buggeln, Marc (Hg.) (2008), Bunker. Kriegsort, Zuflucht, Erinnerungsraum, Frankfurt a.M.

Mbembe, Achille (2014), Kritik der schwarzen Vernunft, Berlin.

Meier, Christoph (2014), Deutschland zusammenhalten. Wilhelm Wolfgang Schütz und sein „Unteilbares Deutschland", in: Bundeszentrale für Politische Bildung (Hg.), Deutschland Archiv vom 28. Juli 2014.

Mitzscherlich, Beate (2000), „Heimat ist etwas, was ich mache". Eine psychologische Untersuchung zum individuellen Prozess von Beheimatung, Pfaffenweiler.

Moeller, Robert G. (2000), Geschichten aus der „Stacheldrahtuniversität": Kriegsgefangene im Opferdiskurs der Bundesrepublik, in: WerkstattGeschichte 26, Hamburg, S. 23-46.

Museum Folkwang (Hg.) (2010), Urbanität gestalten: Stadtbaukultur in Essen und im Ruhrgebiet 1900 bis 2010. Begleitbuch zur Ausstellung Museum Folkwang vom 16. Oktober 2010 bis 30. Januar 2011, Göttingen.

Naumann, Klaus (2004), An die Stelle der Anklage ist die Klage getreten. Kronzeugen der Opfergesellschaft? In zahlreichen Buchveröffentlichungen melden sich die „Kriegskinder" als eine neue Erinnerungsgemeinschaft zu Wort, Frankfurter Rundschau, 14. April 2014.

Niethammer, Lutz/ Plato, Alexander von (Hg.) (1985), „Wir kriegen jetzt andere Zeiten". Auf der Suche nach der Erfahrung des Volkes in nachfaschistischen Ländern. Lebensgeschichte und Sozialkultur im Ruhrgebiet 1930–1960, Bd. III, Bonn.

Nöllenheidt, Achim (Hg.) (2007), Unsere fünfziger Jahre: ein Fotoalbum aus den ersten Jahren der Republik, Essen.

NRW-Stiftung (Hg.) (2012), Heimat. Gestern – Heute – Morgen, Essen.

Paetzold, Heinz (2006), Integrale Stadtkultur, Weimar.

Potthoff, Rolf/ Nöllenheidt, Achim (Hg.) (2009), Damals auf´m Pütt, Essen.

Potthoff, Rolf/ Nöllenheidt, Achim (Hg.) (2010), Wie ich den Krieg überlebte, Essen.

Potthoff, Rolf/ Nöllenheidt, Achim (Hg.) (2012a), Nylon, Pütts und Rock 'n' Roll, Essen.

Potthoff, Rolf/ Nöllenheidt, Achim (Hg.) (2012b), Mini, Beat und Texashosen, Essen.

Reulecke, Jürgen (Hg.) (2003), Generationalität und Lebensgeschichte im 20. Jahrhundert, München.

Richner, Markus (2007), Das brennende Wahrzeichen. Zur geografischen Metaphorik von Heimat, in: Werlen, Benno, Sozialgeografie alltäglicher Regionalisierungen Bd. III: Ausgangspunkte und Befunde empirischer Forschung, Stuttgart, S. 271-296.

Riedel, Heide (1994), Politik. Wirtschaft. Programm. 70 Jahre Funkausstellung, Berlin.

Roloff, Eckart (2009), „Lasst sie nicht allein!" Paketkampagnen zwischen menschlicher Hilfe und politischen Zielen, in: Das Archiv. Magazin für Kommunikationsgeschichte. Heft 3/2009, S. 6.

Ronnberg, Ami/ Martin, Kathleen (2011), Le Lives des Symboles. Réflexions sur des images archétypals, Köln.

Rüsen, Jörn (1986), Rekonstruktion der Vergangenheit, Göttingen.

Rüsen, Jörn (1990), Zeit und Sinn. Strategien historischen Denkens, Frankfurt a.M.

Saldern, Adelheid von (2006), Stadt und Kommunikation in bundesrepublikanischen Umbruchszeiten, Stuttgart.

Schlüter, Anne (2005), „In der Zeit sein …", in: Schlüter, Anne (Hg.), „In der Zeit sein…" Beiträge zur Biografieforschung in der Erwachsenenbildung, Bielefeld, S. 9-18.

Schlüter, Anne (Hg.) (2005), „In der Zeit sein…" Beiträge zur Biografieforschung in der Erwachsenenbildung, Bielefeld.

Schmid, Eva M. J. (1969), Unsere Wohnung, Gütersloh.

Schmid, Harald (2014), Regionale Gedächtnisräume, in: Fuge, Janina/ Hering, Rainer/ Schmid, Harald (Hg.), Gedächtnisräume. Geschichtsbilder und Erinnerungskulturen in Norddeutschland, Göttingen, S. 33-42.

Schmidt, Uta C. (1998), Radioaneignung, in: Marßolek, Inge/ von Saldern, Adelheid (Hg.): Zuhören und Gehörtwerden I: Radio im Nationalsozialismus. Zwischen Lenkung und Ablenkung, Tübingen, S. 243-360.

Schmidt, Uta C. (2006), „Lasst uns den Kohlenpott umfunktionieren!". Repräsentationspolitik der Stadtlandschaft Ruhrgebiet, in: Saldern, Adelheid von, Stadt und Kommunikation in bundesrepublikanischen Umbruchszeiten, Stuttgart, S. 257-282.

Schoppmeyer, Heinrich (2012), Witten. Geschichte von Dorf, Stadt und Vororten. Band 1, Witten.

Schörken, Rolf (2004), Die Niederlage als Generationenerfahrung. Jugendliche nach dem Zusammenbruch der NS-Herrschaft, Weinheim und München.

Scriba, Arnulf, Deutsches Historisches Museum, Berlin, https://www.dhm.de/lemo/kapitel/ns-regime/ns-organisationen/gestapo.html [Juli 2015]

Sebald, Winfried G. (1999), Luftkrieg und Literatur. Mit einem Essay zu Alfred Andersch, München.

Seegers, Lu/ Reulecke, Jürgen (Hg.) (2009), Die „Generation der Kriegskinder". Historische Hintergründe und Deutungen, Gießen.

Seiffert, Joanna (2014), Tagungsbericht Zwischen Gedächtnis, Geschichte und Identitätskonstruktion: Was ist ein Erinnerungsort und wie entsteht er?,13.12.2012-14.12.2012, Bochum, in: H-Soz-u-Kult, 28.03.2013, http://hsozkultgeschichte.hu-berlin.de/tagungsberichte/id=4716 [Juli 2015].

Selle, Gert (1997), Geschichte des Design in Deutschland, Frankfurt/ New York.

Sinik, Dea (Hg.) (2013), Pottpoesie. Ruhrpott Heimat, Essen.

Tuesday, Ruby (2013), Kinder des Ruhrgebiets, in Sinik, Dea (Hg.), Pottpoesie. Ruhrpott Heimat, Essen, S. 51-54.

Vogel, Walter (2010), Unterwegs im Ruhrgebiet des Jahres 1965, o. O. [Düsseldorf/ Krefeld].

Wellmann, Karl-Heinz (Hg. (2003), Warum werden die englischen Soldaten Tommies genannt?, in: Haben Fische Durst? 111 Antworten auf Fragen, die Ihnen schon immer auf den Nägeln brannten, Marburg.

Wenk, Silke (Hg.) (2001), Erinnerungsorte aus Beton. Bunker in Städten und Landschaften, Berlin.

Werlen, Benno (Hg.) (1995), Sozialgeographie alltäglicher Regionalisierungen, Bd. I: Zur Ontologie von Gesellschaft und Raum, Stuttgart.

Werlen, Benno (Hg.) (1997), Sozialgeographie alltäglicher Regionalisierungen, Bd. II: Globalisierung, Region und Regionalisierung, Stuttgart.

Werlen, Benno (Hg.) (2007), Sozialgeographie alltäglicher Regionalisierungen, Bd. III: Stuttgart.

Wildt, Michael (1994), Am Beginn der „Konsumgesellschaft". Mangelerfahrung, Lebenshaltung, Wohlstandshoffnung in Westdeutschland in den fünfziger Jahren, Hamburg.

Wolf, Hubert (2013), War was? Die Menschen im Ruhrgebiet sollen sich erinnern. Machen Sie mit beim Geschichtswettbewerb, in: Westdeutsche Allgemeine Zeitung, 28. Mai 2013.

Wolf, Hubert (2013), Ihre Geschichten schreiben Geschichte. Forum Geschichtskultur sucht Erinnerungen an die Heimat im Revier, in: Westdeutsche Allgemeine Zeitung, 4. September 2013.

Zimmermann, Michael (2005), Öffentlichkeit als geschlossener Raum. Zigeuner im Ruhrgebiet 1900 bis 1945, in: Forum Industriedenkmalpflege und Geschichtskultur, 2/2005, S. 43-48.

Zissler, Hans (1949), Ratten und Läuse in der Geschichte, Stuttgart.

AUTORINNEN-/AUTORENVERZEICHNIS

Bakiera, Dirk; * 1958 in Duisburg; Diplom-Betriebswirt; seine ausgewählten Erinnerungen konzentrieren sich auf die Zeit zwischen 1967 bis 1971 in Bottrop-Kirchhellen, Flugplatz „Schwarze Heide".

Bakiera, Siegfried; * 1934 in Duisburg-Hamborn; Industriemeister i.R.; seine ausgewählten Erinnerungen beziehen sich auf die Jahre 1938 bis 1950 in Duisburg-Hamborn.

Balling, Anke, * 1941 in Mülheim a. d. Ruhr; Tapisseristin und Paramentenstickerin, heute Rentnerin mit großem ehrenamtlichen Engagement; die ausgewählten Erinnerungen konzentrieren sich auf die Jahre 1903 bis 1904 in Dortmund.

Becker, Klaus; * 1931 in Danzig; seine ausgewählte Erinnerung bezieht sich auf den Arbeitsbeginn bei Demag-Zug in Wetter an der Ruhr 1958.

Bodyl, Renate; * 1942 in Essen; Verkäuferin, heute Rentnerin; einige ihrer Geschichten sind bereits früher in Anthologien veröffentlicht worden; die ausgewählten Erinnerungen konzentrieren sich auf die Jahre 1956 bis 1963 in Essen.

Böcker, Brigitte; * 1943 in Essen; Kauffrau, heute Rentnerin mit ehrenamtlichem Engagement; leitet Erzählcafés und sammelt Erinnerungen rund um Essen-Altenessen; die ausgewählten Erinnerungen konzentrieren sich auf die Zeit zwischen 1940 und 1950 in Essen-Altenessen.

Brüggendieck, Elke; * 1942 in Weimar; ehemalige Erzieherin und Kindergartenleiterin; die ausgewählte Erinnerung konzentriert sich auf den Sommer 1949 in Bochum-Weitmar.

Coßmann, Walter; * 1928 in Essen, † 2011; die ausgewählten, von seiner Tochter Barbara Wötzel eingereichten Erinnerungen beziehen sich auf die Jahre 1935, 1939 und 1940 in Essen und Kremsier.

Cramer, Wilhelm E.; * 1941, † 2014; Die ausgewählten Erinnerungen beziehen sich auf die 1950er Jahre in Holzwickede.

Dienberg, Hans; * 1930 in Gelsenkirchen; Architekt VFA Dipl.-Ing. Baumeister, heute Rentner; die ausgewählten Textstellen konzentrieren sich auf die Nachkriegsjahre in Gelsenkirchen-Rotthausen.

Eggers, Sylvia; * 1950 in Marl; bis zur Pensionierung Arbeit im Sozialamt der Stadt Marl; heute Autorin und Stadtführerin in Marl. Hat die Erinnerungen ihrer Mutter Auguste Solobodowski aufgezeichnet.

Engberting, Hermine; * 1935 in Gelsenkirchen-Rotthausen; arbeitete als Verkäuferin, Hausfrau und Mutter; die ausgewählten Erinnerungen beziehen sich auf ihre Kindheit in Gelsenkirchen-Rotthausen.

Felmede, Klara;* 1926 in Essen; ehemalige Justizangestellte; die ausgewählten Erinnerungen konzentrieren sich auf die Jahre 1931-1935 und 1940-1944 in Essen.

Franken, Norbert; * 1938 in Essen; ehemaliger Verwaltungsbeamter; die ausgewählten Erinnerungen konzentrieren sich auf die Jahre 1944-45/1946 in Mülheim a.d. Ruhr.

Frieben, Manfred, * 1954 in Kirchhellen; Soldat i.R.; die ausgewählten Erinnerungen beziehen sich auf die Jahre 1971 in Gladbeck, Zeche Graf Moltke und Zweckel.

Gäbel, Fred; * 1939 in Essen; Rentner; die ausgewählten Erinnerungen konzentrieren sich auf die Jahre 1945 bis 1953 in Essen-Katernberg.

Genschorek, Karl-Heinz; * 1927 in Waldenburg/Schlesien; Rentner; die ausgewählte Textstelle bezieht sich auf den Zeitraum von 1950 bis heute in Dortmund.

Gräfingholt, Lothar; * 1953 in Bochum; Rechtsanwalt; die ausgewählten Textstellen beziehen sich auf die Jahre 1959 bis 1963.

Halama, Klaus; * 1947 in Duisburg; die ausgewählten Erinnerungen beziehen sich auf Duisburg-Wanheimerort im Jahre 1963.

Hoffart, Gisela; * 1933 in Mülheim-Dümpten; arbeitete nach Abschluss der Handelsschule im Notariat eines Rechtsanwalts, als Hausfrau und Mutter; ihre Erinnerungen beziehen sich auf ihre Kindheit in Dümpten.

Hollerbach, Alfred; * 1937 in Essen; ehemaliger Feinblechner, leitet heute den Altendorfer Geschichtskreis; die ausgewählten Textstellen konzentrieren sich auf die Jahre 1947 bis 1952 in Essen.

Keßler, Elfriede; * 1935 in Bottrop; Arbeit als Schaffnerin bei der Essener Verkehrs-AG, als Hausfrau und Mutter; die ausgewählten Erinnerungen beziehen sich auf die 1930er und 1940er Jahre in Bottrop.

Krause, Werner; * 1931 in Dortmund-Huckarde; gelernter Gärtner; die ausgewählten Textstellen beziehen sich auf die Jahre zwischen 1941 und Mitte 1945.

Kruck, Paul; * 1933 in Herten; ehem. Pressesprecher der Hüls A.G.; die ausgewählten Textstellen beziehen sich auf das Jahr 1945 in Herten-Langenbochum.

Kruck, Peter; * 1965 in Marl; Wissenschaftslektor; die ausgewählten Textstellen beziehen sich auf die Jahre 1975 bis 1980 in Herten-Langenbochum.

Kurrath, Winfried; * 1939 in Castrop-Rauxel; Journalist; die Reflexionen beziehen sich auf die Altstadt Castrop und Castrop-Rauxel als Heimat.

Leidenberg, Astrid; * 1956 in Rostock; Rentnerin; bei der ausgewählten Textstelle handelt es sich um einen geänderten Auszug aus der unter dem Pseudonym Aurora Lenz verfassten Geschichte „DO ist meine Heimat"; er konzentriert sich auf die Jahre 1967 bis 1989 in der DDR.

Michaelsen, Birgit; * 1955 in Bottrop; ehemalige Bürokauffrau und Hausfrau; seit 30 Jahren ehrenamtlich engagiert in Schule, Frauenzentrum und Senioreneinrichtung; die ausgewählte Textstelle bezieht sich auf die Jahre 1959 bis 1961 in Bottrop-Eigen.

Niehüsener, Wilhelm; * 1933 in Essen; Dr.-Ing., Beigeordneter für die Stadt Aachen a. D.; die ausgewählten Textstellen beziehen sich auf die Jahre 1939 bis 1945, vorwiegend in Essen.

Onland, Horst Theodor; * 1937 in Westerholt; Ingenieur im Ruhestand; die ausgewählten Erinnerungen beziehen sich auf die Jahre 1939 bis 1947 in Westerholt in Westfalen.

Pedack, Gerda; * 1941 in Gelsenkirchen; Kaufmännische Angestellte und Hausfrau, heute Rentnerin; die ausgewählten Erinnerungen beziehen sich auf die Jahre 1943 und 1944 in Gelsenkirchen.

Pemp, Herbert; * 1936 in Gladbeck; Grubensteiger und heute Rentner; die ausgewählten Textstellen konzentrieren sich auf die Jahre 1940 bis 1945 in Gladbeck.

Petrikowski, Beatrix; * 1957 in Gelsenkirchen; freiberufliche Autorin; die ausgewählten Textstellen beziehen sich auf die Jahre 1963 bis 1965 in der Schüngelbergsiedlung Gelsenkirchen-Buer.

Plasmeier, Gerd; * 1933 in Oberhausen; die ausgewählten Textstellen beziehen sich auf die Jahre 1943 bis 1947 in Oberhausen-Alstaden.

Schick, Horst; * 1939 in Essen; Vertriebsleiter einer Reproanstalt; die ausgewählten Erinnerungen beziehen sich auf seine Jugendzeit in Essen rund um die Gaststätte Schick.

Schiwek, Sieglinde; * 1949 in Kremperheide/ Holstein; ehemalige Industriekauffrau; die ausgewählte Textstelle bezieht sich auf die Jahre 1954 bis 1958 in Wanne-Eickel.

Schlaak, Horst; * 1939, † 2014; Bergmann; die ausgewählten Textstellen beziehen sich auf die 1950er Jahre in Duisburg.

Schmitz, Marina; * 1957 in Mülheim a. d. Ruhr; Sekretärin und Hausfrau; die ausgewählte Textstelle bezieht sich auf die Jahre 1934 und 1952 bis 1964 in Mülheim-Heimaterde.

Smieja, Hans; *1950 in Essen; technischer Berater; die ausgewählten Erinnerungen beziehen sich auf die Jahre 1962 bis 1964 am Rhein-Herne Kanal in Essen.

Solobodowski, Auguste; * 1924 in Gelsenkirchen-Bülse; nach Ausbildungen zur Hausgehilfin und zur Krankenschwester Umzug nach Marl, dort Arbeit als Chemiewerkerin bei den Chemischen Werken Hüls bis zur Geburt des ersten Kindes; die ausgewählten Erinnerungen beziehen sich auf ihre Kindheit in Buer-Hassel.

Steden, Erwin; *1934 in Bochum; gelernter Bürokaufmann, Vorstandsmitglied Stadtsportbund Bochum, Stadionsprecher VfL Bochum; die ausgewählten Erinnerungen beziehen sich auf das Ende der 1930er Jahre/ den Beginn der 1940er in Bochum.

Tovenrath, Klaus-Dieter; * 1944 in Castrop-Rauxel; ehemaliger Chemielaborant; die ausgewählten Erinnerungen beziehen sich auf die Jahre 1948 und 1955 in Castrop-Rauxel.

Völkel, Erich; * 1930 in Frankenstein/ Schlesien; ehemaliger Tischler; die ausgewählten Erinnerungen beziehen sich auf die Jahre 1946 bis 1952 in Herne.

Völkel, Hans; * 1936 in Breslau; Bergmann, später geowissenschaftlicher Präparator am Mineralogischen Institut der Ruhr-Universität in Bochum, heute Rentner; die Auszüge aus seiner bereits veröffentlichten Biografie beziehen sich auf die Jahre 1951 bis 1956 in Kamp-Lintfort.

Weber, Jürgen; * 1939 in Essen; pensionierter Lehrer; die ausgewählten Erinnerungen beziehen sich auf die Jahre zwischen 1943 und 1945 in Essen und in Fulda.

Wiers, Brigitte; * 1930; Krankenschwester und Sozialpädagogin; die ausgewählten Erinnerungen beziehen sich auf die Jahre 1945 und später.

Willems, Hilde; * 1924 in Buer (heute Gelsenkirchen); die ausgewählten Erinnerungen konzentrieren sich auf die Jahre 1945, 1948 und 1966 in Hartefeld (Kreis Geldern) und Gelsenkirchen.

Wohlgemuth, Rosemarie; * 1928; Arbeit bei Hoesch in Dortmund; die ausgewählten Erinnerungen beziehen sich auf ihre Schulzeit in der Droste-Hülshoff-Mittelschule in Dortmund.

Zontkowski, Peter; * 1954 in Bochum; Maschinenschlosser und Verwaltungsangestellter; der ausgewählte Text bezieht sich auf das Edelstahlwerk Witten, 1971 bis 1974.

DIE HERAUSGEBERINNEN

Abeck, Susanne, * 1962 in Essen; freiberufliche Historikerin mit dem Schwerpunkt Industrie- und Geschichtskultur, tätig vor allem für Archive, Hochschulen und Museen, Geschäftsführerin des 6. Geschichtswettbewerbs des Forum Geschichtskultur, zuvor mehrere Jahre Geschäftsführerin dieses Netzwerks.

Schmidt, Uta C.; * 1958 in Herne; Dr. phil., neben universitären Lehrtätigkeiten als Public Historian, als Kuratorin historischer Ausstellungen sowie als Entwicklerin von Kulturprojekten im europäischen Raum tätig; seit 2008 Projektleiterin von FRAUEN.ruhr.GESCHICHTE – einem Kooperationsprojekt vom Forum Geschichtskultur an Ruhr und Emscher, LWL-Industriemuseum und Ruhr Museum; 2013/2014 Geschäftsführerin des 6. Geschichtswettbewerbs des Forum Geschichtskultur.